U0048231

一個美食家的旅行觀察筆記

旅行中的小奢華

里維 × 著

☞旅行中，美味的回憶與小奢華

背起行囊的那一刻，是否曾想像迎接的會是怎樣的旅程？

走出國門，飛機飛向天際的剎那，已經註定這趟旅行的美好；等飛機降落，你的眼睛往往是明亮且帶有警覺性。隨著通關時出示檢查與收起護照的過程，最後，把這一切的擔心與害怕好好收在口袋或包包。

在進入他國領地之前，必須在不斷繞圈的轉盤旁，等待自個兒的行李；緊接著，就是「等待與未知」的情緒迎面而來，讓你放鬆且自在地脱離自己早想放下的心理包袱。

接下來，就是充滿美好的期待與隔著玻璃窗般的社會觀察。

就像我來到日本東京近郊的機場，與日本接觸的第一步，就是坐上 JR Express。即便台灣現在也有高鐵，我們還是對新幹線賣些什麼感到好奇；記憶裡，有種喝起來柑橘味十足的茶，一瓶要價 130 日圓，算算約台幣 37 塊，有點貴，不過旅行的每一段經驗都是新奇的，多花點錢也值得。

特別在新幹線上幫這瓶飲料拍了張照，背景是不斷往後跑的日本風景，順便把機上沒吃的綜合果豆取出一併拍照留念，感覺自己好像坐新幹線商務艙一般地享受。旅行中所經歷的一切美好，往往是在點滴的感受中累積。

所謂的「奢不奢華」，跟該國的觀光發展有很大關係。

在書裡所選的四個地方：法國、日本、中國跟台灣，是我近幾年經常跑的地方。中國的發展有如高鐵般快速，有些精神上的內涵都讓人覺得是新舊交替、東西交融；台灣則是滿滿的文創色彩，特別是近幾年的咖啡店，拜偶像劇之賜，讓外國朋友也深深感受到台灣的文化深度，我特愛的日本，雖經近幾年的天災與景氣低迷影響，但大和民族的精緻與堅持，還是值得借鏡。

我所熱愛的第二故鄉——法國，透過獨特的民宿趣味與當地色彩，讓大家感受我旅行中的美好回憶。如發現義大利時期傳到法國的經典點心馬卡龍；法國的小孩如何培養美感？法國的火車又有哪些特別的地方？也許你也可以從我的書中發現你找尋美好的方法。

本書概念說穿了，不過就是想分享這幾年的旅遊心情，以及好多吃吃喝喝的當下樂趣。

旅行中的小奢華，不一定是花很多錢的享受，也許只是一杯在法國公園裡喝的咖啡；一碗在日本東京街頭吃到的美味拉麵；在中國廣州的流花湖畔看人釣魚、在涼亭裡吹著微風；在台灣某間用老房子改造的咖啡店裡，細細體會其中的創意與維護人內心最深處的想法。

也許你也有專屬於自己的奢華小旅行，特別是在回憶時湧上心間的美好感受。

Contents

目錄

那些年，從北京吃喝到台北

法式生活的趣味體驗

Français
The French life's fun

法式生活的趣味體驗

到巴黎定居的頭一天，一陣雨帶來秋意驅走夏熱，塞納河畔的落葉悄悄準備變黃，隨冬天的來臨掉落。我拉著行李走過塞納河上的藝術家橋，望向聖母院的河上美景，這畫面永遠是我內心最美的巴黎。多少個春夏秋冬，我在這條河上駐足；每趟回巴黎，還是會抽空到塞納河邊感受浪漫的空氣。

回到台灣工作後，我不斷想重返法國，畢竟那是我的第二故鄉。每當跟去過巴黎的台灣朋友聊起塞納河畔時，總有人說：「在巴黎，空氣中充滿讓人想談戀愛的感覺！」我說：「對！那裡的浪漫空氣是一種自由的味道，舒服且無法言喻。」除了塞納河畔，我還喜歡那藍灰色的屋頂，不時有鴿子從天際線飛過，鳥語從樹梢傳來的清晨，永遠是我在巴黎生活的晨間奏鳴曲，接著用咖啡揭開序幕。

即使在台灣，我還是偶爾想起在巴黎公寓的小廚房，狹長的廚房裡，有大烤箱、瓦斯爐，跟一張面壁的長桌與小冰箱，還有一扇可以往外推的玻璃窗。我喜歡吃著巧克力麵包（pain au chocolat）搭配用摩卡壺現煮的咖啡；在滾燙熱氣往上沖的同時，香氣瀰漫整個廚房，霧霧的玻璃窗讓我感受外面天氣的冷，我的心雖然孤獨卻很溫暖，卻是幸福的周末早晨。

不管是在台灣或法國，那個小小的廚房時光永遠陪著我，渡過每個料理的時刻。

在那裡，我總是隻身面對牆壁吃飯。特別是深深的夜裡，煮碗有蛋跟蔬菜還有魚丸的泡麵，用泡麵撫慰我寂寞且思鄉的情緒。冷冷的巴黎夜，對我來說，不是浪漫，而是一種繼續努力讀書跟快快念完回台灣的期許。現實世界，並沒有大家來巴黎旅行時的浪漫思緒，只有生活的疲累，但這些過程都化成最甜美的深刻回憶。

說是可憐的留學生，我也沒浪費在巴黎的美好時光。較長的假，就到西班牙、葡萄牙、義大利等國家遊覽，周末假日搭火車到荷蘭或比利時，聖誕節則過英吉利海峽到英國走走。海島型的台灣，絕對無法想像坐火車就能到鄰國的感覺，更沒有出國的火車跟國內的火車在同一個車站的情況。在人來人往的車站，可以看到很多國家的人們在此交換文化與時尚語言。

這本書裡所講的法式生活的樂趣體驗，浪漫且自在。這種在其他國家根本找不到的生活內涵，也是我一輩子都花不完、享用不盡的珍貴資產。

至少，對我來說，那些走過的回憶，都是我內心超級奢華的體會與無法算計的人生餘味。

France

01

法國人就愛可麗露

一般提到法式甜點，不外乎就是鮮豔繽紛的馬卡龍；其實，對波爾多人來說，可麗露更是不可或缺。

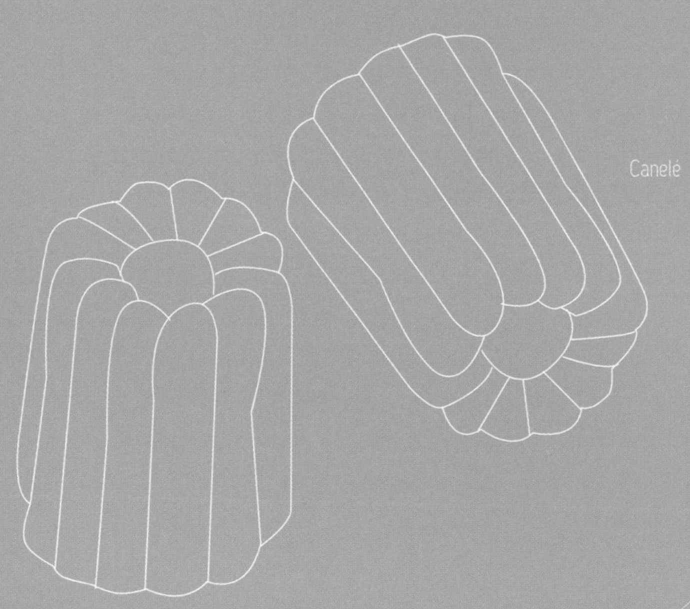

離開巴黎，初次到不遠的小鎮夏特(Châtres)，欣賞著名的彩繪玫瑰花窗；找個公園旁的座椅坐下，看著對面的糕餅鋪傳來濃郁的奶香與麵包香，櫥窗內有一顆顆看起來黑黑，有如小杯子倒蓋的甜點，外表聞來有點蜂臘與焦糖香，咬下有種 QQ 彈牙的口感，口感甜度對台灣人來說有點高。

後來，才知道這種甜膩卻有濃郁奶香的甜點叫可麗露，據說是從修道院傳出，在夏特當地相當有名。時隔多年，我來到可麗露的發源地波爾多，才知道原來當地的媽媽，都有自己獨門配方的可麗露。

有時，你還會在咖啡廳，聽到法國人在討論各自媽媽的可麗露配方，聽起來似乎大同小異，差不了多少，反倒不如他們的對話有趣。

在波爾多的麥當勞就能吃到這款甜點；對波爾多人來說，從早到晚、無論何時何地都要來上一顆可麗露，甚至是當早餐吃。加上可麗露的外殼脆硬、方便攜帶，無論是旅行時帶在身上補充熱量，或是遠行帶給朋友當伴手禮等都很方便，光是這點，就是位於台灣的我們無法想像。

這些熱愛可麗露的生活方式，只要你來波爾多走一回，就能細細體會。

從咖啡館到各大超市量販，都有可麗露的蹤影，搭配咖啡的小顆巧克力，也都是可麗露的造型。這趟波爾多之旅，不光品嚐到咖啡店老闆親手做的超小size可麗露；還在可麗露專賣店看到甜點師傅隔著透明玻璃現場製作可麗露給消費者欣賞。有天晚上，跟波爾多酒莊女主人共進晚餐後喝杯飯後咖啡，也在咖啡杯盤上，發現小顆的可麗露巧克力。

甜點師傅都知道，可麗露的製作食材有糖、奶油、雞蛋跟麵粉，還有香草籽跟蘭姆酒，經過一晚冷藏，讓材料在冰箱裡融合出美味。最後壓模成型，如果有蜂蠟就在烤模裡先淋上一些，這樣烤出來的可麗露外表就有一層白膜。

再告訴大家一個波爾多當地人的觀念，他們不認為非得要在烤模先淋上蜂蠟，讓冷卻後的可麗露上面有一層如糖霜狀的白膜，或是像有些日籍法式甜點師傅説的要上到幾層的蜂蠟才行。

因為他們認為：「如果沒有好的蜂蠟，那還不如不要用」，而且很多媽媽的配方其實也沒那麼講究，主要還是用雞蛋、麵粉、糖跟奶油。

每個媽媽的可麗露獨門配方，也幾乎是波爾多人茶餘飯後聊天的話題，甚至會彼此做來試吃，請大家給點意見、交流，整個場景非常趣味。

起於十八世紀的甜點，竟然如此拉起這座城市人們彼此的感情，這點也許是身在台北或其他的都市人，可以借鏡的一種生活態度。

透過某種共同美食的製作心得交流，拉近彼此的距離。

發現小奢華

- Le canelé Baillardran
  地址：Galerie des Grands Hommes, Bordeaux
  電話：05-56-79-05-89
- MATTEO
  地址：9,Rue de la Merci, Bordeaux
  電話：05-56-48-10-98

France

普羅旺斯的花田民宿

待在充滿綠意與花香的空間，
雖然我們急著欣賞更多的風景，
卻也對這裡的一景一物難忘。

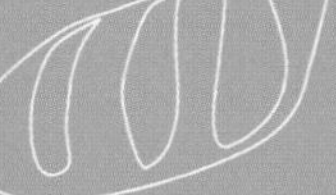

Marie

那年夏天從台灣出發前，透過法國的民宿網站（Gites de France）找好民宿Domaine de St. Véran，這家民宿非常靠近歐拱（Orgon，從Cavaillon開車約20分），造型現代，有粉紅色的外觀搭配綠色花園。

從莊園的大鐵門進入，先經過兩排筆直的雪松，車一停到門口，充滿藝術感的男女主人，帶著他們家的拉布拉多出來迎接。花園種滿蜀葵、迷迭香、百里香跟薰衣草等，後方還有游泳池跟一大片森林，老闆亞倫（Alain）笑著問我們，隔天早上要不要去森林打獵，我只是笑笑說，明天一早還有其他行程。

這間美麗莊園民宿的女主人瑪麗格諾（Marie），原本是位織品設計師，擅長運用織品裝飾。像餐桌上的湖水綠餐墊、玄關沙發上的藍色蓋毯，或房間牆上掛的白色十字繡掛毯，都是她的作品，亞倫更是時尚雜誌攝影師退休。

一早就喜歡在院子揮杆的亞倫，過著閒適的退休生活，民宿只是他的副業；每天早上他就在花園洒水、修剪花木、修整游泳池，順道到附近的傳統市場買早餐。

品味相當講究的亞倫特地說，他買的可頌麵包，是鎮上出名的，他還挑選

幾款手工果醬搭配。法國人的早餐桌，通常擺的就是一籃可頌與維也納小麵包，加上果醬、奶油，搭配咖啡和果汁。

我通常在可頌塗上奶油果醬，讓香濃奶油與手工果醬的酸甜，引出清晨的味蕾，再配上香濃的熱咖啡，真是過癮。這可頌口感有層次，咬下去不會掉滿地碎屑，酥脆中帶有延展性，麵糰的筋度恰到好處。手工果醬也超好吃，杏桃口味最是迷人，充滿陽光的香甜感中有著果酸。

住在這樣的民宿，就像真的住在法國朋友的家裡，自在悠閒。

只是我們大老遠從台灣過去，每天從早餐吃完就玩到天黑，女主人在我們出門前都會問，會不會回來吃晚餐，當我們客氣婉拒，總讓他們訝異不已。

因為在法國，民宿客人向來都是每天悠閒享受早餐，在民宿看書或游泳，跟主人吃晚餐。不會像我們，每天都玩到天黑，隔天一早又急著趕行程；在他們看來，我們真的是「忙碌的蜜蜂」，每天飛來飛去，一點都不得閒，無法真正享受跟他們同步的悠閒時光！

發現小奢華

Domaine de St. Véran
地址：D26 - 13660 Orgon,
Provence, 法國
電話：04-90-73-32-86

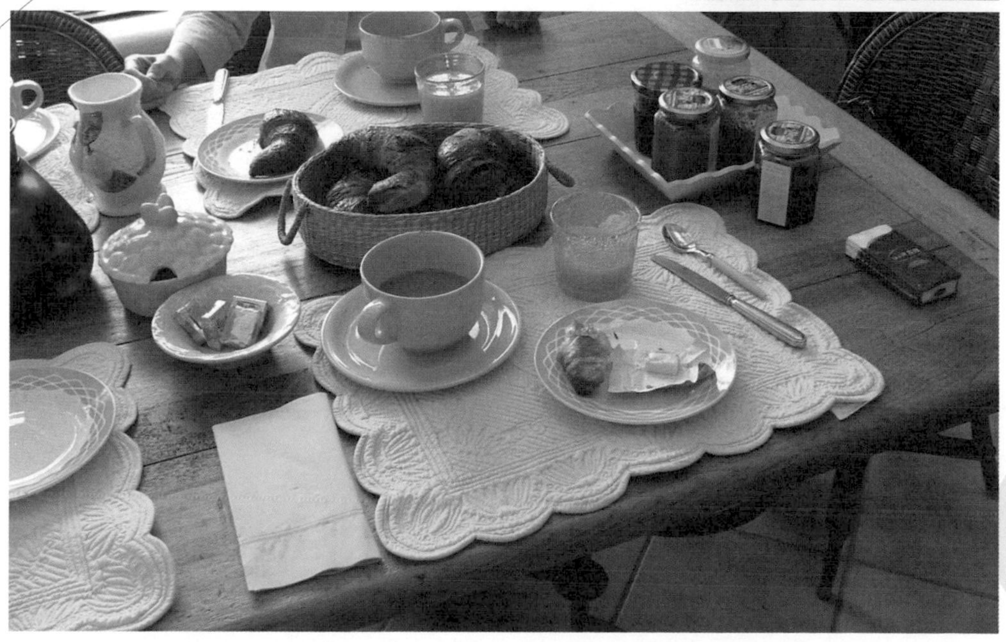

France

03

難忘的火車之旅

相較於搭飛機，搭火車無疑是緩慢的；
在火車上，得以和旅人往來、安靜思考，
更可以收集掠過的風景。

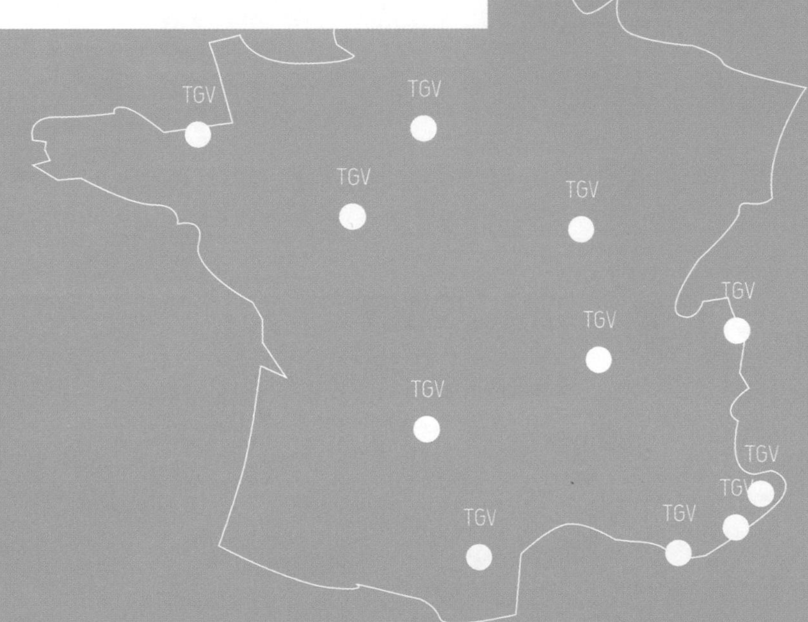

初次到法國自助旅行，我選擇搭巴黎發車的TGV高速列車，抵達里昂後轉到亞維儂，認識普羅旺斯這塊擁有美麗山城的土地。早上出發的火車，約略中午抵達，據說以往要花約四小時的車程，現在只要兩小時四十分，而這就是我此行中最快速的交通方式。

跟著《山居歲月》作者彼得・梅爾，了解普羅旺斯這塊物產豐饒的土地，有著什麼樣獨特的人文風情；從梅納村、來柯村到亞普，感受山城的寧靜與悠閒，橄欖莊園的收成與孤獨的山城巡禮是這趟的收穫。

幾天的走訪後，我轉往法國東北另一個特色地區。

一早十點多，搭上往東北走的火車，中午抵達中部大城第戎，本想稍做停留，欣賞當地傳統建築與探索這座以產芥末聞名的城市，結果因為太陽太大氣溫過於酷熱，心念一轉，隨即轉搭另一班火車繼續北上。

這班火車就像是從奇幻故事中駛出，我則是準備前往哈利波特那間霍斯華茲學院唸書的學生，坐進有包廂的列車。包廂裡的木質座椅早已坐著幾位乘客，他們上下打量，看我大包小包，肯定是來旅行。

每到一站，周遭的乘客都在變換，包廂門外的玻璃也持續有人經過。我剛好坐在窗邊，欣賞沿途的山景、峽谷，還能聽到火車偶爾發出的汽笛聲，感覺自己好像回到古早年代，這趟旅程的記憶，就這麼一直跟隨著我。

火車到了亞爾薩斯（Mulhouse），幾個來自日本自助旅行的小姐用英語問我，她們要去瑞士日內瓦，不知是否需要轉車。自以為是法語通的我，就跟她們說，她們應該在此轉車。結果，下車沒多久，這幾個小女生又跑上車。

我很好奇地問查票員，查票員笑笑地跟我說：「先生，是您應該要在 Mulhouse 換車才對。」

哈，來不及了，火車已經離站了。我只好求救查票員，他表示我得在法瑞邊境的小車站聖路易（St.Louis）下車，再換幾點幾分的回頭車，就會到目的地柯爾馬（Colmar）。此時，天色已黑，而且時值深秋，夜晚已有濃濃秋意跟寒氣，聖路易站冰冷的月台上，只有我一個人，等著那一班回頭車。

那段火車迷路之旅，對我的人生有極大啟發。如果在無人小站出了什麼意外，應該也沒人可以出手相助，但最後我還是平安地回到台灣。人生似乎沒有過不了的關，人生地不熟的地方也還是會有生機。

旅行中最美好的回憶，往往來自一種奇幻的冒險與意外的驚喜。

France

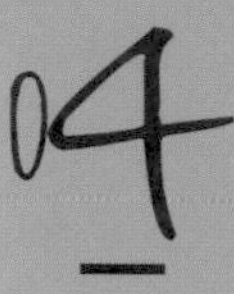

法式的繽紛童玩

不論長大之後有多少新玩意，
影響最深、記憶最深的，
永遠都是童年手邊的小東西。

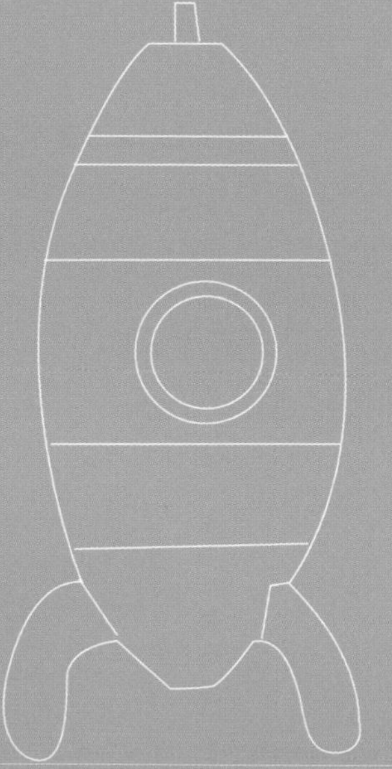

許多台灣的孩子，除了學校的功課；就是接觸電玩、電視綜藝，還有許多不屬於他們這個年紀的事物。

在法國西部不列塔尼的鄉下，我從友人孩子 Verona 身上，看到屬於她這年紀該有的純真。她與媽媽之間的互動，通常是母女倆一同逛書店，或者逛逛某些漂亮的家飾用品店，培養居家生活的美感。

朋友說：女兒現在迷上了做菜，買了一套從烤箱、火爐、餐桌椅到鍋碗瓢盆等應有盡有的玩具；迷你版的玩具，做得維妙維肖，好像真實用品的縮小版，一點也不馬虎。

Verona 把這些東西擺放在房間，當我們走入她房間，她就像稱職的女主人，上前詢問我們今晚想要吃些什麼，她將為我們下廚。

在友人眼裡，女兒沉迷於虛幻又真實的烹飪世界相當有趣，也讓她引以為傲。雖然，她還是會語帶抱怨地說：「她的興趣都只能持續一陣子，一會兒要買什麼，一會兒就興趣轉移開始要買其他種類的玩具。」

不過，我心裡想，要是讓台灣的媽

媽看到法國當地的玩具種類與美麗的色彩搭配，鐵定會想辦法滿足孩子的無限奢求，就連自己也很想買一些收藏。從鬧鐘、收音機、吊燈、糖罐，到買菜的背包提籃等，無一不吸引人。

走進這家備有童話故事所有主角服裝的小店，內心會呼喊著：「法國的孩子真的很幸福。」從《北海小英雄》的維京人服裝，到《白雪公主》故事裡王子公主的服裝都能看到。甚至，連新近流行的卡通人物也能在此購買；前一陣子法國最流行的，居然是來自日本的動畫，《真珠美人魚》裡的人魚公主服，店裡的衣服因而供不應求。

其他經典的服裝有《小飛俠》裡虎克船長的海盜服、小精靈的服裝，《史瑞克》裡的戲服挾著電影的魅力，也曾火紅一時。

光看細緻做工，不難看出法國人在小地方的講究精神。連小朋友穿的戲服也都極為精緻，難怪我朋友說什麼都要買一套，讓我帶回台灣轉交給也有孩子的閨中密友。

孩子從小耳濡目染，自然對美學有一套獨特的見解。最令人讚賞的，莫過於用了很多鮮豔的顏色，彼此卻相當搭襯；當然，圖案的可愛程度也是破表，讓人想通通搬回台灣。

我回到台灣才開始後悔，怎麼沒有買一台好看的菜籃推車回來；法國的菜籃車，不光是設計輕巧美麗，顏色繽紛、且讓人一看就知道這是菜籃（上面有大蔥跟珍珠洋蔥等圖案）。配色也是無可言喻的可愛，就算拉去台灣的傳統市場，也會飄出一股很濃的法國味；讓法國不僅出現在我的回憶，也這樣直接走入我的生活。

Boîte à sucre

France

05

不穿，也是法國人的時尚

法國街頭展現的時尚，
不僅是名牌衣服的造型；
更多的是，他們對於身體的理解與熱愛。

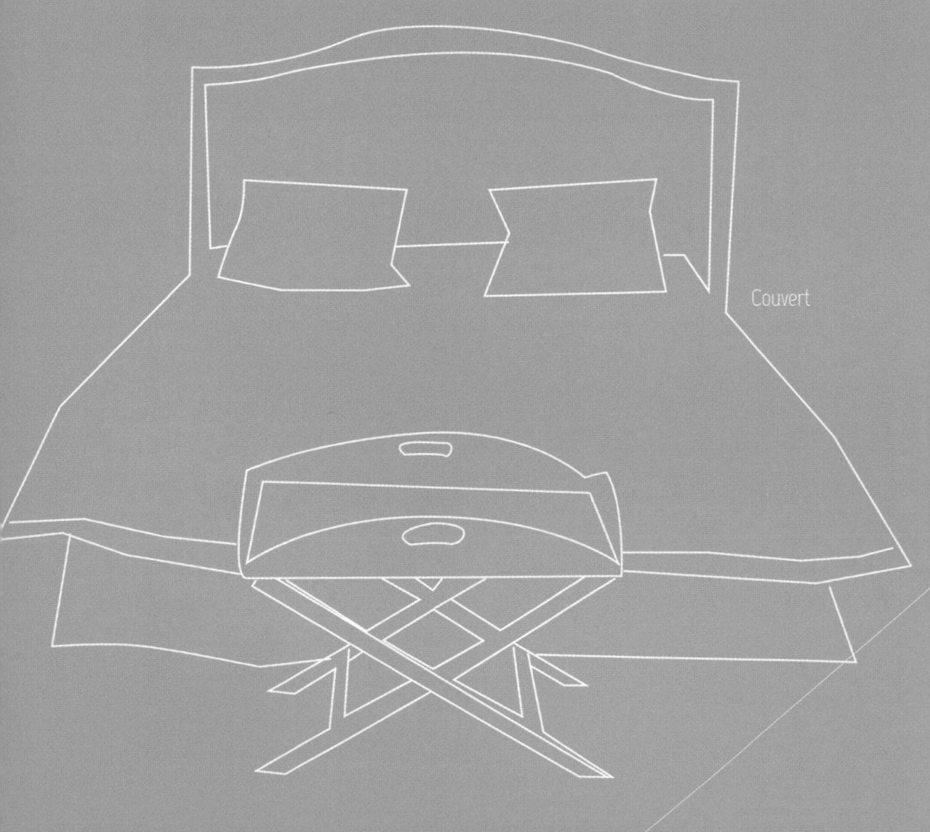

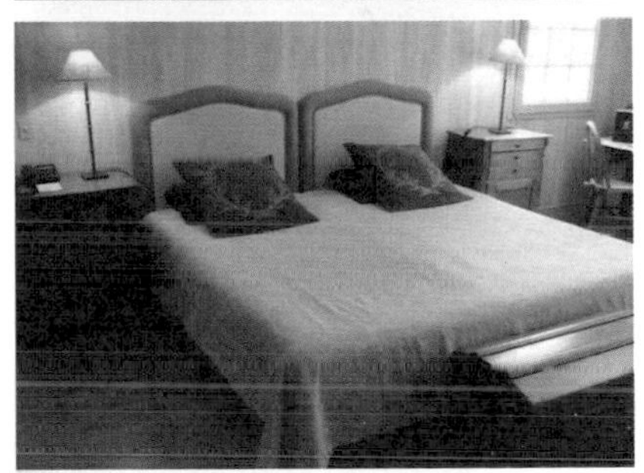

床，每天與我們貼近三分之一的時間；法國人在臥房的小小享受，是床上的床罩。

我從法國回來後，也習慣用有床罩(Couvert)的床鋪；除了美觀，更有防塵作用。每天回家只要拉開床罩躲進被窩，就能享受舒服的睡眠，更不怕裡面的棉被髒掉。其實，因為法國人喜歡裸睡，貼身的棉被必須保持乾淨，更須床罩防塵。

到過法國觀光的人都知道，飯店房間一定少不了床罩，棉被都是白色為主，只有罩在上面的床罩有不同花樣。這主要是來自古老的貴族習慣，從文藝復興時代「國際化」趨勢流行後，法國人把這種床罩的習慣融入生活，成了一種奢華的生活象徵，幾乎每家都會用。

美美的床罩搭配上路易十四時代的古典床，正是我在巴黎的生活寫照。

講到「裸睡」，某個假日清晨，我在充滿蟲鳴鳥叫中的巴黎天空下甦醒，家有露天陽台的我，常常在陽台上喝咖啡、吃早餐，假日清晨還能看到俊男美女的裸體，可說是上天的恩賜。

從陽台看過去，剛好能看到對窗內人們的周末生活。

在春意盎然的假日清晨，我不經意地發現了一場精采的親密戲——某個裸體的法國女人走過窗邊，另一個法國男子也裸體地走過……那個男子從背後摟住女人，熱情地吻上女人的背，我被這突如其來的場景嚇到，但還是在驚嚇中看完。

驚訝的我，回過神後想想，那兩具年輕肉體，絕對是上天給予的禮物。教我不由得想起法國同學說過的一句話：「裸體是上天給我們最好的禮物，除非你的裸體讓人感覺不舒服。」不過，對法國人來說，裸體被看到這件事其實沒什麼，他們多半用「欣賞大自然」的角度，來表達對他人裸體自由的尊重。

講到「裸體」，我有個在法國尼斯念藝術學院美術系的朋友說，他們經常要畫人體模特兒；有次，大家正專注畫人體素描時，因為南法的微風，讓蹲著的女模長髮飛揚，頭髮緩緩「輕撫」了男模的下體，幾經愛撫，男模的下體竟然也起了反應……

我大笑問說:「結果呢？」他說:「等大家畫完了後，男模迅速用毛巾包住自己的身體，尷尬地逃走。」

對法國人來說，「裸體」是用來欣賞的，自己也要學習喜歡自己的身體。

常別人用欣賞的眼光看你，也要學會用「微笑」回應；特別是在法國捷運或露天咖啡座，大家看人都是那麼自在，而且肆無忌憚。法國人習慣彼此看來看去，大家彼此交流「欣賞」的眼神也很不錯。

他們覺得裸睡，能讓身體完全放鬆，躲入經過床罩保護的床單，更能一夜好眠。其實，法國人很神經質，他們往往需要靠放鬆才能睡好覺，才會有一天美好的開始。

如果你早有在床上弄張床罩的習慣，那應該恭喜你正式進入法式生活！不妨也嘗試一下「裸睡」的舒適感受，或許一開始很不習慣自己裸光的身體，但當你學會正視自己美好且健康的身體時，你就會懂得放鬆，甚至漸漸體會到裸睡的好處，那真的是一種身心靈一起放鬆的絕妙感受。

想必那對週末一起過夜的法國戀人，也是在這樣「坦誠相見」下相擁入眠。

順道一提，巴黎的都會生活步調，有個不成文的習俗請大家務必牢記，就是「別在周末中午以前打電話去吵別人起床」，這對他們來說，是非常不禮貌的行為，甚至有可能會挨罵喔。

France

穿越歷史的馬卡龍

午後的馬卡龍，吃下純粹的甜滋味，
融合更多的是，對於古早味的追憶。

mocaron

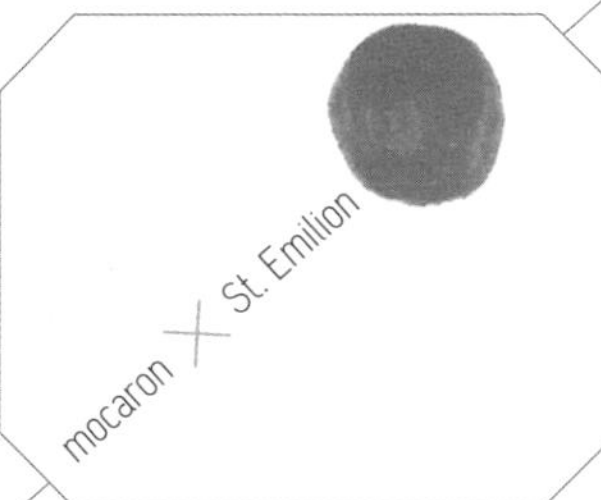

mocaron × St. Emilion

二〇〇八年的波爾多酒莊之旅，我們順道參觀聖艾米濃這座歐洲人必訪的釀酒古城；在古城旁的巷弄間，我無意間發現一家專做古老款馬卡龍的小店。

與印象中衰頹的破舊老店不同，這家小店早已發展成伴手禮專賣店的規模；除了櫥窗裡擺設著超大片貼著薄紙的餅乾型馬卡龍，還有不同種類的禮盒。看到這樣「餅乾造型」的馬卡龍，你肯定會好奇入口的風味如何。

提到法式甜點，一定會先想到眾所皆知的馬卡龍(Macaron)，從食材角度來看，這是指「杏仁蛋白餅」。根據《甜點的歷史》(La très belle et très exquise histoire des gateaux et des friandises)一書所述，這項歷史悠久的甜點可能的由來：「十九世紀的作家相信，梅迪西家族(Medicis)的糕餅師帶來杏仁蛋白餅；卻忘了中世紀的修道院，甚至是圖爾(Tours)科梅希修道院在梅洛溫王朝(Mérovingien)就已普及這款糕點」。

根據史料記載，法國許多地方都有這一款修道院款馬卡龍的蹤影。有些美食指南還會特地提到，南錫(Nancy)、巴斯克(Basque)、聖艾米濃(St. Émilion)等地區都有美味的馬卡龍。

也有人說，馬卡龍在傳入法國宮廷後，一直深受皇室貴族喜愛。連路易十六那位自奧地利遠嫁而來，年輕又熱情的瑪麗安東尼皇后，也對這款甜點愛不釋手。那個時代的仕女，穿著束腹的華服，讓酥胸更加堅挺，體態更美；瑪麗皇后有著少女般稚嫩如馬卡龍外表膨起的酥胸，又熱愛這款甜點，某些亟欲討好皇后的廚子，就把馬卡龍形容成「少女的酥胸」，讓人更添遐想。

我在聖艾米濃所發現的，應該就是修道院款的餅乾型馬卡龍；超大片雪白的馬卡龍，未夾入果香夾餡，而是單純的餅乾形狀。

當地人說，這樣的做法是方便昔日的傳教士隨身攜帶，想吃時就來上一片，算是扎實的杏仁蛋白霜餅。麵粉使用的比例，比時下的小甜點款馬卡龍要多一些；口感香脆、咀嚼後有杏仁香氣的馬卡龍餅乾，絲毫讓人感受不到那種驕縱貴氣，卻多了一點樸實簡單卻神聖的風味。

發現小奢華

La duree
地址：75 Avenue des Champs Élysées, Paris
電話：01-40-75-08-75

Gerard Mulot
地址：76 Rue de Seine, Paris
電話：01-43-26-85-77

古代馬卡龍～Moulierac Mathieu
地址：1 rue Tente, Saint-Emilion
電話：05-57-74-41-84

想到以前的修士都吃這樣的餅乾，跟王公貴族一小口馬卡龍一口茶的奢華享受相比，真是一樣東西兩樣情，若吃慣奢華帶餡的馬卡龍，或許會覺得餅乾款馬卡龍不優。

其實，都是因為人的習慣總是「由儉入奢易、由奢返儉難」，吃慣精緻飲食就回不去樸實的滋味。

我還是下手買了一盒，吃了一兩片後，覺得還是貴族甜點款的馬卡龍好吃且味道層次豐富。修道院款的馬卡龍，是來聖艾米濃教堂朝聖後必定帶回的小點心；有點像在台灣寺廟拜拜後帶回當伴手禮的糕點，我在這餅乾中吃到的，更多的是朝聖後的回憶跟虔誠的心。

有多美味？那倒沒有！只是讓人多認識法國經典甜點馬卡龍的另一個源頭與派別……

我寧願這樣説，我吃到的，是歷史的滋味。

France

船搖船影塞納河

觀看巴黎最特別的角度，
是從塞納河的角度出發。

旅居巴黎時，總愛走在橋上欣賞塞納河；最愛迎風站在藝術家橋 (Pont des Arts)，往西提島 (La Cite) 上的聖母院看。視線中有許多停在河畔的船，與河上光景交映，總讓人看到癡迷。

那一排沿著河畔的法國梧桐樹，偶會抖落微風吹過的刺果，時間在此刻靜止。這風景是看不膩的，從我去念書到畢業離開，我在這裡哭過、笑過，更曾與朋友一同走過；憂傷時沿著河畔散步，用另外一種角度來看這條河。

這些停泊在河畔的船屋，多半是餐廳或咖啡店，夏夜還能用餐、遊河；在某個學校的派對，我就走上其中一艘大船。也有現代藝術系學生以船為主題，拍攝每個受邀遊客上船的畫面，做成一段行動藝術的作品。

住在有河的都市，是一種幸福；生活與工作以此為靈感，四季更有光影與雲彩變化的美。搭著無語停泊的船，若有機會，到船上的咖啡座上啜飲，更能享受巴黎風光。

特別是夏日，河畔的風光值得再寫一筆。

若覺得法國的夏天較涼，那可就錯

了。在巴黎，我常坐在陽台上曬太陽，但這事不宜在夏天做；偶爾在房裡看書，會突然被「碰」一聲嚇到，原來是鴿子熱暈，不小心撞上落地窗。河畔林蔭下的陽光比較舒服，對陽光很珍貴的歐洲人來說，哪管那麼多，肯定要好好曬曬。

再仰一點角度，河畔堤岸的眾人一身清涼，曬著太陽，有人遛狗、有人騎單車，都是河畔流動的風景。當河上的遊艇經過，船上的人更把沿途畫面，當作巴黎夏季特有的一場熱鬧且自在的饗宴。有河水降溫，讓夏天也酷熱的巴黎，多了一個去處避暑，不用怕被曬到頭暈。

我常說：「裸」是巴黎最夏天的顏色。

在這樣熱情的季節，最繽紛的色彩是來自巴黎女子身上的碎花連身洋裝，像公園裡朵朵因風吹起的小花；人們都把陽光穿在身上，穿上簡單的衣物，不需要多餘的遮陽，自然與外界接觸。夏天的巴黎很養眼，而且脫得理所當然。

離開巴黎的前夜，月色很美，塞納河上波光粼粼，用它最閃耀的美跟我告別。記得所有跟它相處過的日子，不管是走過橋上還是坐船從橋下過，這條河有我最難忘的心事。

我曾在河畔的船屋旁說了一聲道別，把對彼此的愛戀藏在那艘船、那個夜晚的記憶。這幾年回到巴黎，船景依舊人事已非。

p.s. 紀念經歷過的塞納河上船風景

à la mémoire du temps où nous avons passé ensemble,
particulièrement lors que les bateaux sont restés sur la Seine.

France

前進，法國超市

品味，並非一定要進入美術館或博物館；
真正的品味，其實來自於鄰近的超市。
那是真正的，生活。

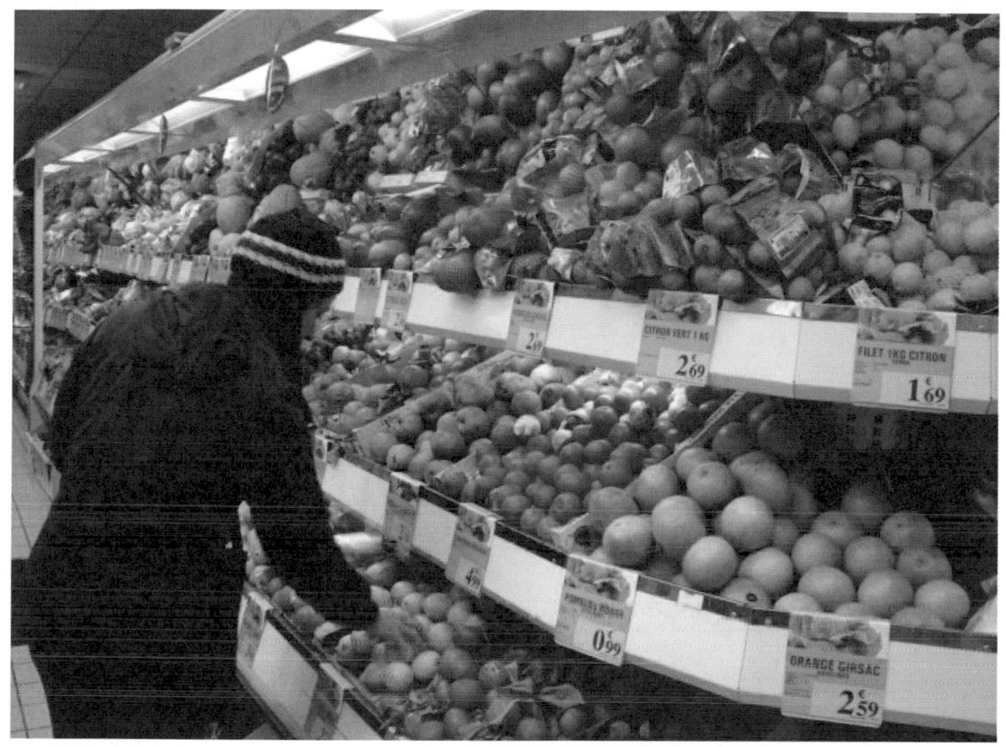

在法國跟台灣之間來來去去，我很少買昂貴的東西送人，反倒是常去超市買小禮物，讓朋友也跟我一樣有「生活在法國」的感覺。

記得剛到法國居住的那年聖誕，我在法國超市找到，當年台灣人陌生的糖漬冰栗 (Marrons glacés) 跟薄酒萊新酒 (Baujolais)。

左一堆堆高高的糖漬冰栗，右一堆用瓶子堆高高的促銷薄酒萊新酒，這兩款是法國聖誕節最應景的商品。糖漬冰栗，好吃的軟綿滑 Q，充分感受栗子香甜；不好吃的，外表粉乾愈裂，口感差很多，只剩糖漬乾掉後的糖霜味。

現在偶爾回到法國旅遊，還是會去超市逛逛，除了買瓶摻有各種水果味的礦泉水，還想了解現在法國老百姓喜歡什麼、愛吃什麼。

不管是法國或台灣，超市架上最能反應當地的消費情況，當然也隨著超市的定位而不同。像法國的 Monoprix 跟 Franprix 定位就差很多，客層也不同；就像台灣的微風超市與頂好超市相比，消費族群當然截然不同。但無論逛哪家，都能在其中找到樂趣。

當我們走入桃子超市（Franprix），就會看到各種類型的豆子，甚至拿來做猶太貝果麵包，鋪在麵包上面的藍罌粟籽（Graines de Pavot Bleu）；小小顆的罌粟籽，讓麵包咀嚼起來香氣十足。

另一種法國人常用的豆子──綠扁豆(Lentilles vertes)，則是法國媽媽冬季最喜歡用來煮湯的食材。曾經有位法籍大學教授來台任教，媽媽因為思念在聖誕前夕，遠從法國寄了幾包這種豆子給兒子；這項舉動，卻引起台灣海關的誤會，以為這種豆子是大麻種籽而加以扣押，幸好進一步調查後水落石出。

旅法期間，我透過來自西南大城杜魯斯(Toulouse)的同學史蒂芬(Stephane)介紹，發現在巴黎瑪黑區的聖保羅站(St.Paul)附近有很多賣猶太貝果的麵包店。上面撒滿黑黑罌粟籽的貝果是他最推薦的一款，他怕我無法接受，還特地先捏一小塊讓我試吃。

沒想到我一吃，就愛上那香氣，久久難忘。後來，每回到瑪黑區走走，我都會繞過去買幾個貝果，甚至有回到巴黎出差，還特地溜去買一個貝果麵包解解思念。

想要了解法國菜，更是要好好逛一下超市。我因為愛逛超市，了解許多法國的食材與做法，也了解到為何亞爾薩斯的人一定要吃白酒水煮豬腳（Choucroute）；巴黎因為物價高，有許多半成品的派皮跟肉醬，讓人買回家能簡單烤個派吃一餐。

在超市，能看到法國人餐桌上的食材，像法國西邊不列塔尼盛產的朝鮮薊，對法文系學生來說就是課本畫的樣子；對餐廳主廚來說，就是罐頭裡撈出的樣子。因為台灣沒有進口新鮮的朝鮮薊，在旅行途中更要好好地接近一下食材，還有怎麼吃、怎麼煮。

走入超市，不僅是走進法國人廚房的後花園，更走入法國人的生活；讓我們優雅地推著推車、挑著蔬菜，感受法式浪漫。

France

09

擁著鮮花的小確幸

漸漸地，在台北街頭也能看到隨意拿著花卉回家的行人；這樣的畫面，在法國早已是日常風景中的一景。

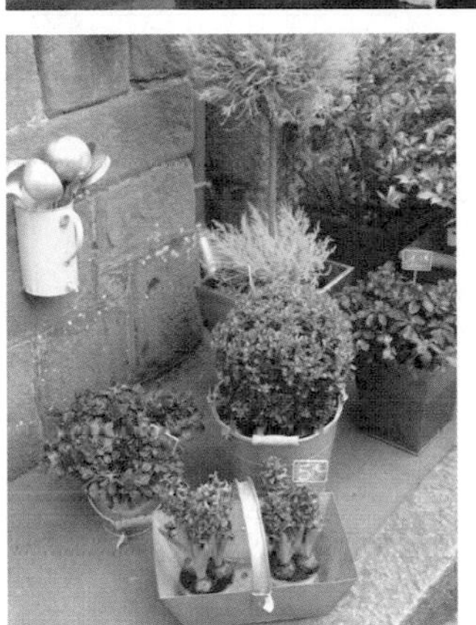

說巴黎是個花都，真的是一點也不為過。

每趟回法國旅行，皆感受到花團錦簇的繽紛，而且是隨著季節改變的美景。例如，五月初天氣穩定，就會發現法國玫瑰開滿公園，從盧森堡公園到羅浮宮旁邊的皇家公園 (Palais Royal) 開滿各種美麗品種的玫瑰。

法國人喜歡坐在花叢旁的椅子上看書，享受夏日初至的美好時光。

我有個喜歡花藝的外甥，每次到國外旅行就會想幫他拍些花藝的照片。他雖然沒有出國唸書，卻自行從外國刊物模仿跟汲取靈感，有天分的他所插的花就是有一分歐美特有的靈性，配色或選材，都讓我這留學法國的小舅舅驚艷，每每驕傲地跟朋友介紹他的手藝。

這篇文字所搭的圖片，都是為他所拍，當然也是因為我個人喜歡花花草草，而自然拍下。

我常說法國人的美感有種「恣意的浪漫」，連捧一束大把的薰衣草都不造作，用簡單的法語報紙捲一捲，再搭個

粉色緞帶。

有次，我在巴黎捷運看到一位女仕捧著白色繡球，跟她的氣質非常搭襯。大大的白繡球花朵從翠綠色棉紙探出，優雅不落俗套，恣意卻浪漫，有如那位捧著花的法國女人所展現的自信。

台灣不流行送白花，更不會把這麼一大把白繡球綁來送人。其實只要花藝不俗、配色得宜，白菊花也可以搭得很優雅、很討喜。

曾在法國不列塔尼的舊書小鎮，看到法國人如何把書跟花藝並陳，搭配窗框繽紛的色彩與陶瓷餐具。你說他們有花很多錢來做陳列嗎？其實沒有，仔細看都是些簡單的居家用品，只是色彩與形式搭配得宜。

這都是運用美學的透視角度與色彩搭配，法國人真的做到了，而且十分用心。

住過法國的人都知道，法國人真的用所有生活的力氣在追求美，追求如何把自己所感受的美感，放諸到生活的各個角落。花朵當然是最直接的點綴，愛送花、愛在家裡的各處擺上一束花、愛在窗台上種花、愛在陽台上看到花垂墜下來，在公園裡也會種一堆花，政府也會花費大筆預算，在國家公園裡各處隨

四季換上各種花卉。

住過法國的人都會覺得那裡是個幸福的國度，四季都有美好的風景跟美麗的花卉可以欣賞。

法國人的花花世界，真的有說不完、看不盡的浪漫。我只希望每一個人，都能找個機會好好看看法國的四季花卉跟法國人對生活要求的美。

你心裡的花朵也會跟著綻放出最浪漫的念頭，影響另一半或是讓你有想談戀愛的感覺，這也是我在旅行中找到的幸福感，而這些花束也陪著我在每扇回憶的窗前。

France

10

交織傳統與現代的城市

在台灣，我們習慣全新的城市與破舊的小鎮；在法國，卻在同一個城市看見現代化的便利與保留傳統文化的風情。

初次法國自助旅行，我到過亞爾薩斯的柯爾馬，還到史懷哲的故鄉凱薩斯伯(Kayserberg)去看屋頂上的送子鳥，爬上中世紀古堡俯瞰葡萄園。

在凱薩斯伯小鎮上品嚐當地盛產的灰皮諾(Pinot gris)，感受跟蕾絲玲(Riesling)完全不同風味的葡萄酒。

第二次造訪亞爾薩斯時，我已經是巴黎的居民，帶著台灣來的朋友一起到史特拉斯堡，讓他們認識史特拉斯堡的著名景點小法蘭西(La Petite France)。

我對這個城市有著什麼樣的感覺？

這座特色鮮明且講德法雙語的城市居民最愛黑跟紅，一直保持亞爾薩斯的特色，從水煮豬腳肉腸酸菜跟燉肉等美食到可愛的店招，傳統甜點與各式各樣亞爾薩斯特色紀念品，當然還有水道跟木質外露的傳統建築。

當然，它也有現代化的一面，在商業廣場有先進的單人車，或早已行之有年的城市輕軌車。如果台灣也有這樣的交通方式，應該也會很酷，路上可能會少了很多代步的機車或汽車。

在這座城市遊走，會愛上沿著水道蓋的房子，跟小巷內緩慢行走的人們。

在冬天有陽光的日子，冷冽的空氣中飄來樹葉的味道，一杯咖啡一本書，或是找個地方坐下來沉思。

住在巴黎時，我前後去了兩三次史特拉斯堡，每次都會進聖母院大教堂看那有天文曆法的時鐘。除了欣賞古老的時鐘，我還會在教堂內點個蠟燭，對聖母瑪利亞禱告，不外就是祈求一切都好、萬事順心。在教堂裡坐坐，感受安詳的氣氛，看那透著光的彩繪玫瑰花窗。

正因為是神聖之地，幾乎都在世界大戰中倖存，老舊坍圮的部分，國家不吝惜花大筆預算整修。畢竟這是觀光財，是每年引進大批觀光客湧進的資產。

很高興回台灣後的這幾年，台灣人也開始懂得保留歷史文化資產，不再拆掉舊房子。除了保留外觀與結構，內部空間拿來運用成各式各樣的文創風貌，這點在歐洲各大城市一樣，老房子都被改成咖啡館或博物館，讓觀光客在歷史裡生活。

在有歷史的老房子喝下午茶更加有氣氛。我在閒逛之餘，找到一家當地的人氣咖啡烘焙館。這家叫做Christian的咖啡館，每個當地的法國人都走進來買一份甜點或糕餅外帶。

往座位一看，還好有座位，我就快快坐下，把握難得跟法國人一起吃下午茶的經驗。酸甜不膩的柑橘慕斯果然好吃，香氣迷人。

喝咖啡吃甜點，細細品味這座慢慢天黑的城市……

發現小奢華

Christian
地址：12 Rue de l'Outre, Strasbourg,
電話：03-88-32-04-41

France

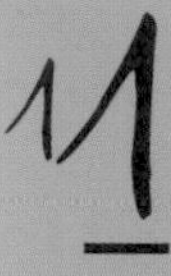

奇幻的舊書小鎮

這裡有書，而且是一雙帶有溫度的手親自製作；印上鉛字，開始訴說一段段的故事。

時間在這裡也被編入書本，只有滴答滴答的鐘擺持續步伐，空氣中飄滿穿越時空的知識與想法。

在歐洲，人手一本書是很自然的，特別是在捷運；寧靜的閱讀時光伴隨著車子晃動，畫面多麼美好。所以，能造就法國西岸不列塔尼那地區完全以販賣舊書的小鎮，貝雪瑞爾 (Becherel)，一點也不足為奇。

走進歐洲第三大書店聚集地，小小的地方就有十五家二手書店全年營業；夏天一到，廣場上滿滿的書商攤販，儼然是法國人最愛翱遊的書海世界。我在冬季造訪，全城瀰漫冷肅安詳的氛圍。

雖然這天是冬季的周末，還是有很多人帶著全家來訪；四處找著二手書，喝熱咖啡，享受一整個午後的舒適。

任何種類的二手書，都能在這裡找到。我跟法國夫妻朋友也帶著他們的小孩，一起來探索二手書的世界，看可否挖到寶。

據說貝雪瑞爾小鎮，在中世紀時期，只是座防禦功能的城堡，有段時間甚至人煙罕至，也讓這座小鎮沒落了一段時間。到了一九八九年，有心人士一起協力恢復小鎮的生氣，並帶來人潮，蛻變成法國最有書香氣息的地方。

當初，一些法國的作家、出版商、書店老闆，也都是被這小鎮建築之美所吸引，乾脆結合舊書的勢力，吸引喜歡看書的法國人。讓這座小鎮充滿人潮，特別是夏天週末，唯一的廣場上有個超大的二手書市，讓喜歡二手書的同好一起來挖寶。

如果有興趣，你也能跟這些舊書店的老闆聊聊，他們每個人都上知天文、下知地理；想找哪方面的書籍，只要提出書名或作者名字即可。當然逛書店，聞足書香，更不能虧待自己的肚子。這裡有很多結合書店跟咖啡的店家，值得駐足。

歇歇腳，吃點店家的手工點心、喝杯咖啡，像古靈滋恩(Librairie Gwrizienn)、聖米歇爾之門(La Porte de Saint Michel)，這兩家書店都有可愛的咖啡廳，值得一訪。

我還探訪一家製作手工書冊的店家，裡面有個法國女人專注地製作書頁。隔著玻璃窗，這畫面讓我不語。你可有跟書本無語互動的分分秒秒？如果有，你一定懂我的感覺……

因為我是如此熱愛紙本書，每每受到挫折，我總會告訴自己回到書中世界。在書中，只有知識分享、溝通與思緒的釐清，往往讀完書中的某一段話，就會讓人重新甦活。

書的世界是寧靜的，小鎮的空氣也冷到凝結，走過有點飄冬雨的小鎮，不小心與車頂上的貓咪偶遇，心緒也跟著靜下來。

France

新藝術風格咖啡店

街角的咖啡店，會有一場浪漫的偶遇，味蕾的享受；也或許，就在這個場域，可以開展與眾不同的藝術花朵。

在巴黎或維也納的地鐵站裡，都能看到台灣罕見的新藝術作品(art nouveau)；特別是離巴黎聖心堂不遠的Abbesses地鐵站出口的青銅設計，用馬蹄搭上螳螂或昆蟲腳，配上蜻蜓翅膀造型，是最經典的新藝術作品，這也是出自法國十九世紀末、廿世紀初最厲害的新藝術設計師Hector Guimard的手筆。

一八六七年出生在法國里昂的Hector Guimard，號稱是法國最出名的新藝術大師，影響力跨海到紐約，最後魂歸紐約；其作品深深影響很多人，也打開我對新藝術的認識。

這是我剛到法國巴黎居住時，被深深吸引的一種藝術風潮。

還沒離開台灣前，我對所謂的新藝術毫無概念，卻會買那種用彩繪玻璃拼貼的桌燈放在房間，總覺得用深銅骨架勾勒出的彩繪玻璃燈很有味道。看似瑰麗的光線，流洩出沉穩氣質，原來在廿世紀初的歐洲曾流行這樣的設計作品，從門窗玻璃到牆面隔間裝潢，甚至燈飾、桌椅等都是。

據說這種風格，最早來自德國、俄羅斯，新藝術的概念是從人的想像出發，透過作品表達人與大自然之間的和諧。

不管是建築或畫作，是用繁複的線條與筆觸，展現和諧律動。

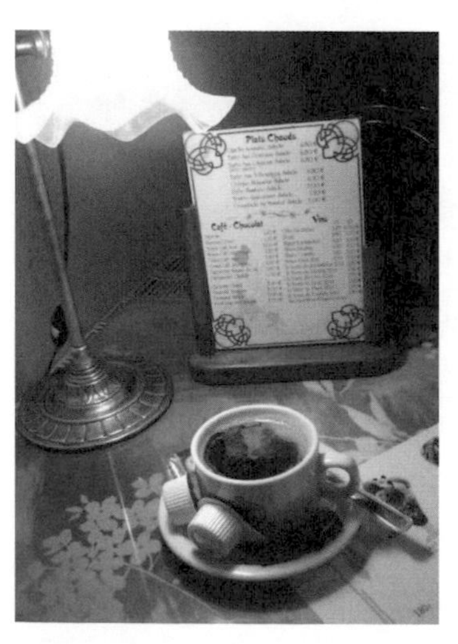

這種風格在華麗中有種沉澱後的穩定，就算是一間玫瑰色調的咖啡館，也能帶有強大的平靜力，讓人放下背包，喝杯熱熱的巧克力。

那一年，我走在冷冷的柯爾馬 (Colmar) 街上，看膩木質外露的傳統亞爾薩斯建築，突然讓我眼睛一亮的，是這家小咖啡店。新藝術時期的風格，從如植物枝葉延伸扭曲的門面，到櫥窗內的琺瑯壺收藏等，都深深地吸引我。

即便外頭天氣陰冷，屋內卻是溫暖的，我點一杯黑咖啡暖暖身心。

像這樣的咖啡館，一定有一位和藹可親的老媽媽顧店，看了櫥窗裡的手作甜點，要不是因為不餓，實在應該點來嚐嚐。一個人在歐洲旅行，往往在咖啡館裡喝喝東西，順便上上廁所；參觀咖啡館的空間，象牙綠的牆面搭上黑色藤椅，大理石圓桌顯得貴氣。

看到老媽媽的櫃檯，有各式大小的茶鐵罐、琺瑯壺跟搪瓷壺，甚至傳統的俄羅斯茶壺，都是有歷史的收藏。從木頭櫃、桌椅、牆上的收藏木櫃等，無不讓人感受到新藝術的風格與魅力。

這樣寧靜的午後，幾位老人家在這裡喝巧克力取暖，閒聊家常，雖然在大都會，巷弄裡還是存在這樣純樸的生活調兒。

發現小奢華

Au croissant dore
地址：28 Rue Marchands,
Colmar, Alsace
電話：03-89-23-70-81

France

13

巧克力百年之戀

香濃的巧克力，不論何時何地，只要入口都能讓人感受片刻美好，以及一擁而上的，幸福。

旅行時，我總喜歡拿上幾張飯店的酷卡。

回到台灣後，再看這些自各地收集來的酷片，就像一個個回溯記憶的鬧鐘，不斷地提醒我下一趟旅程的方向。

每次整理書桌，就會看到土耳其藍的酷卡，寫著「Mademoiselle de Margaux」，這是位於瑪歌酒莊地區(Margaux)的巧克力店。

法國的店家多半提供試吃，真的喜歡再買；卡片上還寫著他們現在推廣的幾款巧克力。例如，外層是榛果或黑巧克力，內層包有亞馬尼亞克白蘭地(Armagnac)及吉娜櫻桃(Guinette)的巧克力。

在法國這麼多家巧克力專賣店中，我念念不忘的是叫做Cadiot-Badie的老店；踏進這家巧克力專賣店，即可感受到貴氣，這間店對待巧克力的態度，就像是一支支高貴的紅酒。

特別的是，傳統紳士模樣的老闆，是這家一八二六年創立的百年巧克力專賣店買主，而非擅長製作巧克力的師傅；創辦人Cadiot-Badie曾是波爾多地區相當出名的巧克力大師，他曾在一八六O年幫拜訪波爾多的艾菲爾鐵塔設計師Gustave Eiffel製作一盒艾菲爾鐵塔造

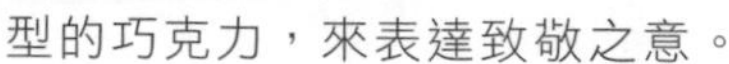

型的巧克力，來表達致敬之意。

透過介紹，欣賞店內珍藏的各項巧克力大作，有針對復活節製作的巨大蛋型巧克力、葡萄酒莊造型、葡萄酒瓶造型，以及用紫羅蘭、覆盆子做的紫紅色巧克力。當然，也有波爾多當地最富盛名甜點——可麗露造型的巧克力，愛喝酒的人，千萬別錯過把波爾多葡萄酒包起來的酒瓶軟木塞巧克力。

巧克力的造型變化多端、隨心所欲，有一顆顆如鈕扣般的 bonbons 巧克力，也有外表滾如花瓣般的巧克力球；這裡的巧克力味道濃郁沉重，少了點年輕感，多了一股內斂與典雅，也許是百年老店的包袱吧！

連在跟接手的紳士老闆聊天時，也能從他說話的口吻，感受到他的自豪與驕傲。

店內還擺了一台傳統的熱巧克力小車，前方木板畫上法國貴族圖樣，訴說著舊時代只有貴族才有財力享受來自中南美洲的巧克力；店員小姐還拿出一個裝有熱巧克力的青花陶瓷壺，典雅的骨董收藏，更加突顯這間店的顯赫歷史。

想想，現代的我們多麼幸福。想吃巧克力，走一趟超商就有。不像過去只有貴族才有機會，平民連想都不敢想。如今，不光可依產地、含可可比例挑選自己喜歡的巧克力口味，想奢華一點，還可找顆巧克力大師級的巧克力，偶爾用這絲滑柔順的口感來寵愛自己。

發現小奢華

Cadiot-Badie
地址：26 Allées Tourny, Bordeaux
電話：05-56-44-24-22

France

醉在波爾多的紅酒

已經不太記得第一次喝酒的經驗，但我肯定，人生的第一次「品」酒，絕對是在法國這片土地。

Château d'Yquem

透過法國食品協會 Sopexa 的安排，讓我在波爾多上到人生的第一堂品酒課。在這所知名的葡萄酒學校，有來自世界各地，對葡萄酒充滿熱情與好奇的學員。

大家像好學生跟著英國籍品酒老師一起了解波爾多的風土、地理位置與葡萄種類，就像高中時的人文地理課程，必須從當地的氣候、土壤與地理位置，了解在這裡生長的葡萄品種會有什麼狀況？隨著每年的陽光、雨量等變化，產生不同的葡萄酒。

陽光充足，即是定義中的好年分；只要這項消息一公布，品酩客隨即趨之若鶩，爭相搶購與收藏；特別是舉世聞名的五大酒莊出產的酒，絕對供不應求。隨著老師的解釋，我了解吉宏河（La Gironde）對葡萄園的影響，還有所謂的日夜溫差與地表礫石結構的分布。

緊接著，就是試飲紅白酒，好玩的是，桌上就擺了兩瓶酒，還有吐酒桶（通常品酒是不喝下肚的，只感受單寧酸或酒香在舌尖味蕾的層次變化），是難得的經驗。

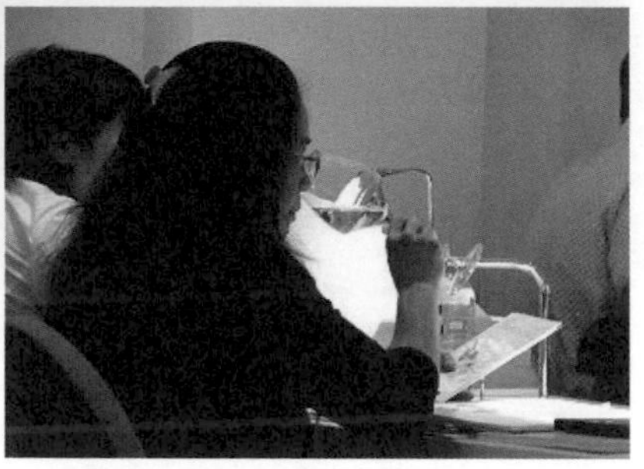

品完兩瓶酒，跟其他學生説再見。我的酒莊之旅正要展開，我等著那無垠邊境的葡萄園向我敞開雙臂，還有路邊一個巨無霸酒瓶所展現的酒鄉風光。

當一路陪著我們的導遊兼司機Michel邊開車邊告訴我，遠遠那座有如頂級皮包織布的葡萄園，就是LVMH集團買下的伊肯堡（Château d'Yquem）。

這時候的我並未安排參觀這座葡萄莊園，只能望而興嘆，希望能有機會造訪，反正旅行留下美麗的遺憾，才能成為下次舊地重遊的藉口。

就像我頭一次到巴黎旅行，人都已經到了艾菲爾鐵塔底下，竟然拍完照就離開，根本沒有上去。

其實上了那一堂波爾多的品酒課，我覺得品酒就像旅行，必須到當地，直接踩在土地上，甚至蹲下來摸摸石頭，感受氣候。才能理解當是靠地惡劣的環境與費心的葡萄酒農，才能釀出風味獨特的葡萄酒。

Château d'Yquem + Médoc

沿途造訪十幾家酒莊，每座酒莊都位於波爾多不同位置，酒莊各有特色；Médoc 的紅酒有野性美，Sauternes 的貴腐酒奢華如蜜，St.Émilion 的紅酒高貴中有熟韻，還帶點神性。

這幾個地區的酒喝下來，要不愛上這個地區也難，而且，不管嫩煎鴨胸或甜點的可麗露都非常搭襯這些酒。

要說愛上波爾多，倒不如說，我愛上了波爾多給人的奢華口感。

France

一宿，暫居聖艾米濃民宿

15

就住在修道院旁的小鎮，感受肅穆散發的冷清，那是繁華街道無法比擬的滋味；寂靜無聲，只有時間伴隨風聲而過，和著我的翻書聲。

試著想像，只有鐘聲的小鎮。

在一月左右抵達，正是這座小鎮最寧靜的季節。

一路由觀光局服務人員陪伴，一整個小鎮都是我的私人景點，雖然添了冷清，卻也多了尊榮感；參觀修道院的地下遺跡，感受石頭上刻劃的歲月。

在陽光下走進修道院欣賞權充許願池的小泉水井，導覽人員說著洗了這泉水能重見光明的傳說，吸引許多人特地前來洗眼，祈求相同重見光明的心願。我卻只感受到這座修道院似乎曾經庇護很多人，地下室的石牆上還刻著以前農忙時節休閒娛樂的影像，那是最有價值的考古素材。

離開修道院後，我們閒晃到附近的教堂，以及周邊的小店，憑著長年撰寫美食報導的雷達，發現古老修道院款的馬卡龍專賣店，好奇地駐足。

在鎮上漫遊時，經過那些古老的房舍，讓人不禁懷疑起這些老屋是否還有人居住？還是大家只是跟隨上下班時間移動的候鳥，白天上班，傍晚通通回到熱鬧的波爾多市或其他城市，讓這個小鎮在夜裡走回歷史，安靜地只剩冷冷的月光，灑在已經好幾個世紀的修道院城牆。

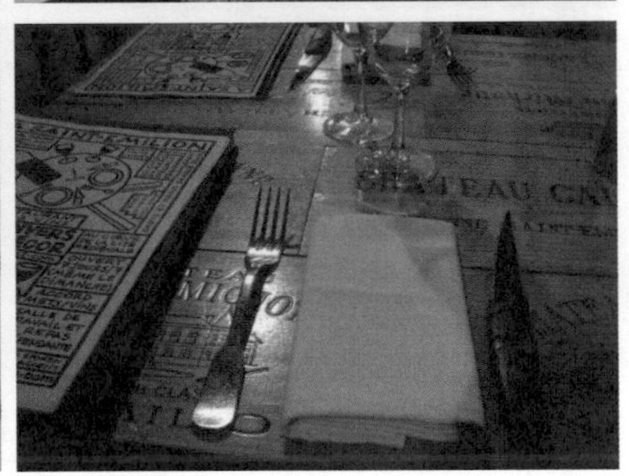

不能免俗地，踩著法國的土地就想著葡萄酒。

附近高級酒莊 Clos des Jacobins 的主人 Mr.Decoster 說，這裡的水質優良，醞釀出來的葡萄酒也特別美味。而這裡出產的葡萄酒，也有著與修道院相關的傳說；當初來自羅馬的南方修士艾米濃（Emilion）發現這裡的地下水十分甘美，起心動念在這裡種植釀酒的葡萄，同時蓋起修道院。原來，幾個世紀前的修道院，扮演著釀酒、撰寫醫書，甚至是治病的多功能腳色。

鎮上的營生多與此息息相關，從各式醒酒器、酒杯到如葡萄酒瓶造型的小磁鐵等隨處可見，來訪的遊客也多為酒香下馬而來，幸好不負艾米濃之名，偶爾仍有嚮往修道院生活的旅人特意來訪。

冬日的歐洲天色暗得很早，六點多就感覺夜好深。距離用餐時間仍有一些空檔，想想也該進今晚的民宿放下行李，順便整理資料。開心地看著今日將借宿的民宿，幻想彼此是巡視後回到城堡的貴族；不僅是蜿蜒而上的鑄鐵手扶梯實在太經典，搭配黑色吊燈，更添了貴族的奢華感。

發現小奢華

頂級酒莊 Clos des Jacobins
地址：4, Gomeric, Saint-Émilion,
電話：05-57-24-70-14

餐廳 l'enver du Decor
地址：11, rue du Clocher, Saint-Émilion,
電話：05-57-74-48-31

民宿及餐廳 Logis de la Cadene
地址：3 Place Marché au Bois, Saint-Émilion,
電話：05-57-24-71-40

女主人將整座房子留給我們，希望我們好好享受這靜夜。在她舒適的房間，有書跟相框訴說著家族歷史，地毯是紅紫線條搭配白色床板與蘋果綠床罩，色彩明亮卻有休閒感。不過分華麗的家飾，透過乳白色的大石塊牆面，平實中更顯優雅，燈光下，適合一個人安靜讀書。

尚未用過晚餐的我們，快速梳洗後馬上出門。數日來品嘗多道法式料理經典嫩煎鴨胸的我，今晚選擇煎牛排；多年的品菜經驗中，法國人處理牛肉的確沒有處理羊肉上手。但這家 l'enver du Decor 餐廳的前菜十分精采，特別是帶有濃郁奶香的南瓜濃湯，在冷夜中嘗來特別溫暖，成為這間餐廳記憶中發亮的片段；別忘了搭配咖啡的那一片餅乾型馬卡龍，也很特別。

吃完晚餐，我們在沁冷的風中繞行這座小鎮。一窺這古鎮沐浴在月光下的風景，燈光斜照，只聽見狗叫、鐘聲與風聲。止住貪杯的念頭，回到溫暖的房間，洗洗腳、爬上床，拿起一本書；這夜，只有我在翻書，以及外面不停從窗外經過的風，霸佔民宿裡所有的美好。

日本江戸的現代奢華

Japon

Japan's modern luxury

江戶的現代奢華

千禧年回台後，陸續展開日本之旅。初次造訪，即是和家人一同遠上北海道札幌，一〇年再訪東京頂級住宿之旅，幾次日本小旅行都很有趣。

一開始想要出這本書的靈感，便來自一〇年的那趟日本之旅，這種幾天幾夜短程的旅行，就有很棒的感受。

不用帶太多衣物，可以吃遍新奇的零嘴跟飲料，欣賞擺在冷藏櫃裡的甜點；而喜歡日本居家用品，甚至是開架式藥妝用品的人，皆能開心地扛回台灣。自己一個人到處亂走也很開心，因為多禮數的日本人會給你親切的微笑，即使日語是那麼破；聽不懂的地方，只要 Hi、Hi 兩聲也像是會日語了。好吃好玩又好買，雖然衣服不見得適合每個人的體型（像我肩膀寬，在日本就很難買到適合的衣服）。

不光是沿途吃吃喝喝，下午還要等百貨公司地下街超市的美食大折扣，跟日本上班族搶打折便當，就是為了回飯店房間，邊看電視邊吃麥泉的豬排便當，或滿滿生魚片的綜合便當。

吃了便當，也許還出門逛逛附近的超商，看看有沒有好吃又超人氣的超商甜點，還是類似御飯糰的零嘴，最好是買幾款清新解膩的茶飲，減低一點內心的罪惡感。

常因為太會吃，無時無刻都在吃，讓同行的好友說：「喂！你在台灣都沒得吃嗎？怎麼到這邊就胃口大開成這樣！」

日本的風景有多美，也只是平常的美景；但他們風景所涵蓋的「意境」還真的需要細心觀察，慢慢體會。

好比有一年去京都吃懷石料理，每道菜都有如一片精巧的山水，需要先端視，心領神會後才能下箸品嚐。有一年，來不及欣賞櫻花，卻因為季節在新宿御苑找到一大片雪白的安神菩提花。

這就是旅行中最美好的豔遇。

沒想到那裡有這麼一大片安神菩提花，在公園裡的野餐桌椅坐下，鼻息間體會那股安撫心緒的香氣，品嚐一口剛從伊勢丹百貨拎出來的甜點，即使我拿來搭配甜點喝的是靜岡綠茶，也算是一種讓人沁心舒暢的午后享受。公園裡人好少，只見幾位長者跟媽媽們在一旁聊著天享受悠閒。

旅行的人，似乎比較能輕易體會別的國家的悠閒感。因為我們就像法國存在主義作家卡謬說的 L'étranger(異鄉人)，不用融入他們國家的社會脈動，不用在緊張壓力下體會人生，更沒有煩雜的人事牽扯，心態就顯得自在也放鬆，用視覺上的美感去看待這個國家或城市。

Tokyo

便當、甜點與超市

16

最庶民貼近日本的方式就是吃便當，而最貼近日本生活的地方就是超市，跟著我走進超市，看看日本人的廚房，有著什麼樣的祕密。

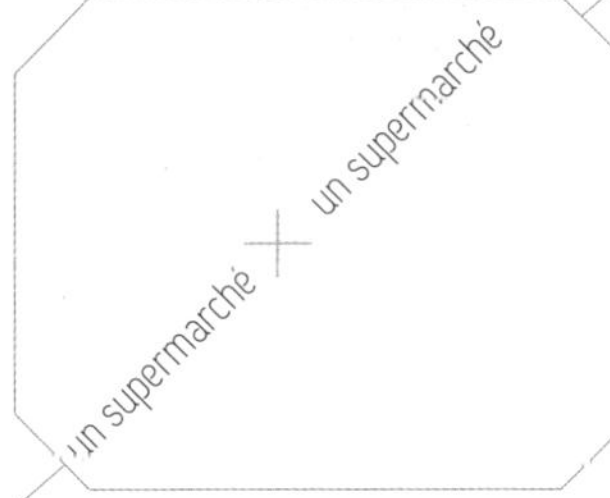

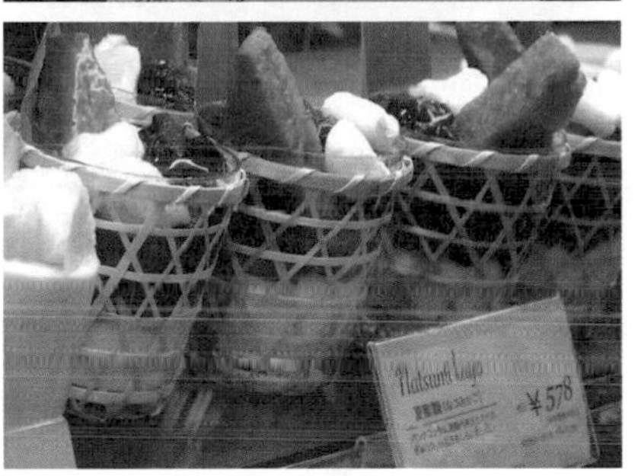

在日本，吃美味的便當就很開心，偶爾到可愛小店吃甜點，更是美好的小確幸。

除了某次參加京阪神關西媒體團，我的日本行多半自助，也多半省錢，總是把百貨公司打折販售的便當當作必訪行程。

暖一點的時間到日本，冷的生魚片丼飯便當，清爽過癮；如果剛好遇上冷熱交替的春秋，溫熱的豬排便當也是絕佳選擇，只要搭配從超市買回來的小岩井果汁，就是一種花小錢的奢華感。

站在排列得整整齊齊的便當櫃前，不知如何下手時，內心真是感慨且百感交集。因為，每一款便當我都好想試試，怕祇怕，自己沒有那麼大的肚量。

每一攤現做小點心，我都會湊過去看看在賣些什麼。比台灣車輪餅還大的餅，裡頭放的是有如大阪燒的蔬菜料，再擺上干貝唇或鮮蝦，吃起來很像章魚燒，這家名為「東日暮里」的小攤，在百貨超市可是超人氣。

東京我最熟的大概是新宿這一帶，每次來東京，總是先跑去新宿車站附近的百貨公司逛逛，滿足自己飢渴很久的

味蕾。當然，我最不愛的就是和果子，像這種有歷史典故的甜點，不懂也很難體會，吃了之後只會喊甜，倒是洋果子很吸引人。

特別是糕點的包裝，讓我悄悄地拿起相機狂拍；正拍得高興時，百貨公司樓管突然衝出來，神情緊張地對著我，一邊雙手合十交叉地說：「對不起！不能拍照！」被他突然舉動嚇到，也只好假裝聽不懂日語的我，訕訕地笑著收起相機。

可愛的各式甜點，不光是好吃，造型更值得參考，也難怪許多甜點師傅喜歡去日本取經。

甚至連一些法國的甜點主廚到了日本，都不得不讚嘆日本人對西方點心研究的精神，做出來的法式甜點不輸給法國當地。造型創意還多了點東方的思維與靈感，比如把水果裝入籃子的甜點，結合東西的繽紛色彩。

走一趟超市，等於提早接觸日本的貴婦生活，感受她們平日生活的小奢華。即使沒有帥哥美女服務，也能拿著美味找個公園坐下來品嚐，或者直接帶回飯店，開心地看著電視節目吃美味的便當。

小岩井
まきば
加工乳
生乳90%使用
NATURAL TASTE
CREAMY BLEND
小岩井
コーヒー
乳飲料
NATURAL TASTE
小岩井
いちご
乳飲料

GIOTTO

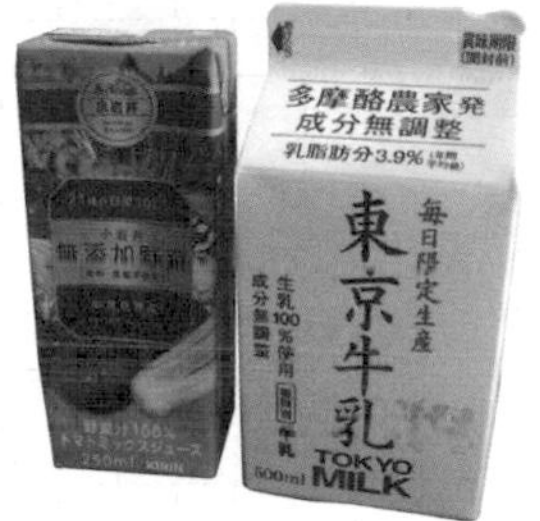
多摩酪農家発
成分無調整
乳脂肪分3.9%
毎日限定生産
東京牛乳
生乳100%使用
成分無調整
牛乳
TOKYO MILK
500ml

Tokyo

記憶中的拉麵小店

現在台灣也能吃到多款的日本拉麵，
對我來說，
記憶中的拉麵不只是美味的湯頭，
還融合著當時的回憶，和到訪日本的趣味。

初次找尋這家網路超人氣的日本拉麵，剛好天公不作美，陰雨霏霏的四月天，從到日本的那天，一直下到離開日本，害我就此被朋友戲稱雨神，並發誓不再跟我出國。

其實，「我是雨神」這件事，早在旅法期間就已名揚四海，愛開玩笑的學妹還常對著窗外說：「今天下雨，鐵定學長又出門了！」

空氣中滿滿的濕氣，讓躲進這家小小拉麵店的人潮更多。眾人默默地坐在吧台低頭品嚐眼前的拉麵，基本款的叉燒拉麵，裡面有一大片厚度接近一公分的叉燒肉，一顆黃金蛋跟幾根筍干，外加一片海苔。

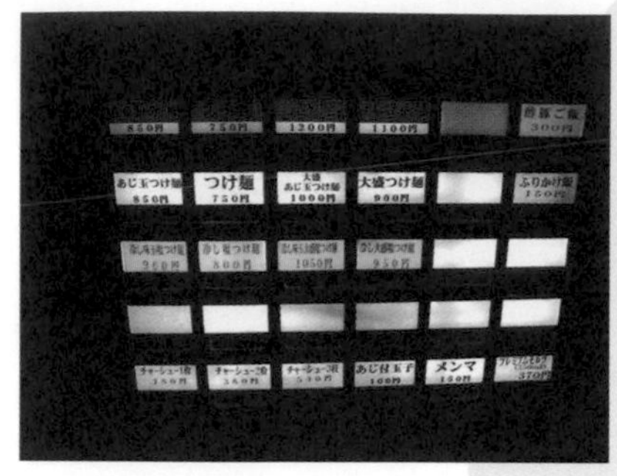

彈牙的麵體，夾帶大量的高湯吸入口中，複雜多層次的濃郁口感，有如這一夜的雨跟這碗的溫暖拉麵。

店老闆喜歡日本武士宮本武藏，於是取名「麵屋武藏」，用武士道的精神來做湯底和每碗拉麵。只見小屋旁貼著日本武士電影《宮本武藏》海報，就可體會老闆想要傳遞的精神。每碗麵煮好起鍋前，就會聽到留著鬍子的料理長喊著：「優西！」表示這碗麵準備上桌。

友人點了招牌的叉燒拉麵（他是日本美食通，據說他有一趟日本之旅，竟然吃了一百五十家拉麵，真是令人佩服），傻傻的我，點了一碗自己都不知道是什麼的沾麵。

等到麵端上來，期盼喝到暖暖湯頭的我，只好看著他的叉燒拉麵興嘆。托友人好意得以入口的一小口熱湯和麵條，現在想起來，腦袋裡還是會想灑花轉圈。

懷念那股濃郁香醇的味道，難怪日本人會用盡一生力氣，顧好一鍋拉麵湯頭，堅持一輩子。

我的沾麵其實也不錯，但因為湯頭是原汁，雖是熱湯也只能撈起麵條沾湯，不能單純喝湯，真的很鹹，我已經很努力地想喝下湯頭，最後還是乖乖放棄。

我們倆很愛一直在美食中探尋，因為「吃」真的是一件很開心的事情。而且跟他吃東西相當開心，他很會用心品嚐，而我很會嘀哩咕嚕地聊些有的沒的。

我更愛裝模作樣的，佯裝日本人地跟大家鞠躬微笑，靜靜地在吃完麵後，拍照跟欣賞店內的人事物，這是我在日本吃拉麵時的最大享受。

發現小奢華

麵屋武藏 - 新宿本店
電話：03-3363-4634
地址：東京都新宿区西新宿 7-2-6
K-1（ケイワン）ビル 1階
官網：http://www.m634.com/634

Tokyo

到資生堂喝咖啡

18

白皙透亮？

身為國際化妝知名品牌的資生堂，可不只有外用的化妝品，更有讓人從裡變美的飲品。

這間一九〇二年就在東京銀座開設的資生堂禮品店（SHISEIDO PARLOUR），可說是來東京必敗的店。當初我是為了要去資生堂新開的 CAFÉ 一探究竟，才逛進這家店。

想說，反正都來了，那就買回台灣當伴手禮也不錯。那時候，台灣用喝的保養品並不多，這種國際大品牌研發出來的養顏果汁，效果應該不錯。比較在乎口感的我，已忘了那是什麼樣的味道，應該有點像濃郁的蘆薈汁。你要問我：「喝了有什麼特殊感覺嗎？」其實沒有，可能因為我不是「漂亮公主」，所以才沒辦法立即見效。

但我還是被它的包裝深深吸引。

就像包裝上面寫的法語：「她漂亮嗎？當然囉！」，我因為它漂亮的外表而決定買來喝喝看，甚至買回來送人。

逛進店裡，仔細端詳；餅乾盒之類的商品，據說買來當伴手禮的人最多。剛好就擺在店內的最中間位置，而且還寫著「白桃──當季限定」等字樣，想必這餅乾內餡夾著白桃口味。

說真的，我當然也為酸酸甜甜的白桃風味吸引，但更吸引我的，好像是那

金色的鐵盒子，上面還浮著SHISEIDO資生堂的LOGO。這種行為好像某些婆媽的習慣，總覺得送給朋友要選實用的禮物，鐵盒還可拿來收納小東西。

之前講到的果凍、果汁，有芒果蘆薈、柑橘番茄、蔓越莓葡萄、白桃蘋果等口味，據說含有讓皮膚Q彈的膠原蛋白，喝了皮膚會ㄉㄨㄞ ㄉㄨㄞ而且滑嫩，早在二〇〇八年即在日本推出。

說到底，還是被充滿流行感的包裝吸引，光采亮麗的糖果風，過不了多久就會再流行。像這兩年又開始流行醒目的糖果色，舉凡糖果粉、糖果黃、糖果紫、糖果紅等都很受歡迎，如果這樣的養顏果汁賣到台灣，想必又會帶動一波風潮，特別是那些熱愛BLING BLING風的「漂亮公主」。

再說一次，我真的不是漂亮公主，我是被飲料的包裝吸引進去的！

發現小奢華

SHISEIDO PARLOUR
SHOP & DELI
地址：東京都銀座區資生堂大樓 1 樓 8-8-3 Ginza
電話：03-5537-6231

Tokyo

名流聚集的丼飯

19

平價時尚，不僅用在衣著，更可用在飲食；最精華的地段與店面，最高檔的料理，卻有貼近庶民的價格。

進到這家在東京銀座赫赫有名的傳統天婦羅店，穿著正式和服的服務人員讓人感受有如走入高級的日本料亭；簡單素雅的裝潢，搭配流派的花藝，透露日式的尊貴氣息。

從一樓的入口走到二樓，用餐前，同行的老饕朋友跟我聊到，最近這幾年日本的景氣下滑，上班族越來越縮緊荷包，吃頓飯更是精打細算。像這家天婦羅丼飯會這麼夯，正因為分量多，炸物滿滿地蓋住飯，最上面還要用蓋子蓋住。

一掀開蓋子，連我點了奢華款定食、已品嚐一份細嫩鯛魚刺身的人，也跟著一起歡呼。眼裡的驚喜與讚嘆久久難息，真是一碗挑逗人視覺的蓋飯。

好心的朋友，NICE 地賞了我一口飯跟一隻蝦，現在想想，粉裹得剛好、咬下去酥脆肉鮮的炸蝦，與沾在飯與蝦上面的醬汁。絕妙微甜的滋味，腦中的畫面一出現，就想立刻搭飛機，再重享美好滋味。

難怪，台灣許多美食名人都呷好逗相報。價錢和定食一比，只要四分之一的天婦羅丼飯，讓人大飽口福；可惜限定中午販售，若遇到上班族集體打牙祭，那就得排入長長的人龍等候。

這家店的夢幻逸品，就是不論井飯和定食都會附上的炸天婦羅，上面有炸蝦、炸花枝丁、炸茄子、炸青椒跟炸珊瑚菇等。

跟一般炸天婦羅不同的是，這家店所炸出來的天婦羅，粉極薄酥，不多且巧妙地附著在食材上，讓你吃到食材的鮮美，還可感受酥脆的炸粉。淋上醬汁，不僅不會吃起來爛爛的，還是一樣有酥脆度，醬汁風味也很迷人，特別是對喜歡有點甜味食物的人，可說是不吃不行的必定行程。

吃完炸天婦羅丼飯後，也能好好逛逛銀座中央通。

在銀座這樣高級的地段，能吃到經濟又實惠的炸天婦羅丼飯，不光是日本上班族愛，連短暫小旅行的過客也相當喜愛，不是嗎？

發現小奢華

銀座大國
地址：東京都中央区銀座 8 － 9 － 11
電話： 03-3571-1092

Tokyo

表參道上的美好

精品匯集的表參道，連甜點都是貴氣十足；
一個個小點心，都化成藝術品，
展現匠心獨具。

表參道上的時尚與奢華感十足，櫥窗或店面都是國際品牌，就連我最愛造訪的甜點店也是。

這些年有些變動，以前買巧克力的La maison du chocolat 已變成Peltier甜點店；最愛的松露巧克力，也從La maison du chocolat法國巧克力之家變成表參道之丘一樓的法國巧克力大師尚保羅禾曼(Jean-Paul Hervin)，。

帶著松露巧克力回飯店，搭配飯店的咖啡享用。入口即化，緩緩在嘴裡飄散香氣的巧克力滋味，現在在台北的某家飯店一樓也可吃到。日本在歐洲食尚方面，遠遠早我們好幾年，像表參道上的BVLGARI Café，也不知道何時才會進台灣？

二〇〇八、一〇年分別造訪東京，發現光是表參道就有不同變化。似乎景氣越低迷，店家與櫥

窗的變化就越快。有家〇八年逛過的香芹歐式雜貨店 (Cerfeuil)，販售很多廚房用品跟調味罐香料；之後再度造訪時，發現它店面變小，雖然還是賣著果醬、香料等調味品，卻明顯縮小很多。

倒是旁邊多了一家結合農業盆栽的環保小店，使用破日文詢問後，得知日本現在流行種植蔬菜水果，經由專人教導，讓菜園有如花園美麗，店員還說他們會利用網路視訊教學，線上指導如何打造美麗的菜園。

店面就是他們的示範場地，利用地下室一樓的空間，用木箱販賣小農種出的蔬菜。一邊用種盆栽的概念種菜，讓蔬菜本身的美自然呈現，一旁放幾張木頭桌椅，喝杯咖啡看本書也很自在。

這就是我所感受到的日本現代之美，總如歐洲一樣，讓你在現代的紛擾當中享受當下。

在表參道之丘一頭的現代化大樓下，我感受到現代日本的生活流行趨勢；當我回到表參道之丘另一頭，卻無意間在巷弄發現一間表參道新潟館。

裡頭賣著來自新潟的農產品，我買了乾干貝、乾舞菇，還發現綁成花束的紅辣椒。如果愛吃鍋燒烏龍麵，這裡還有放在烏龍麵湯裡的麵麩可供品嘗。

除了這家小小農產品店，還可鑽到表參道之丘後面的巷弄逛逛。有家很可愛的筷子專賣店，店前有幾隻可愛的貓雕像，相當好認，在這裡有各式各樣的筷子讓你挑選，店家也裝潢得很日本味。

不管是現代日本的生活概念，或日本人所崇尚的法國味，還是相當傳統的日本風情，都將在表參道一一發現。

Tokyo

21

軟香鮮嫩的豬排飯

一口咬下噴出的肉汁，晶瑩的白飯上流淌著濃郁的咖哩醬；咀嚼入口的，是這一瞬的幸福。

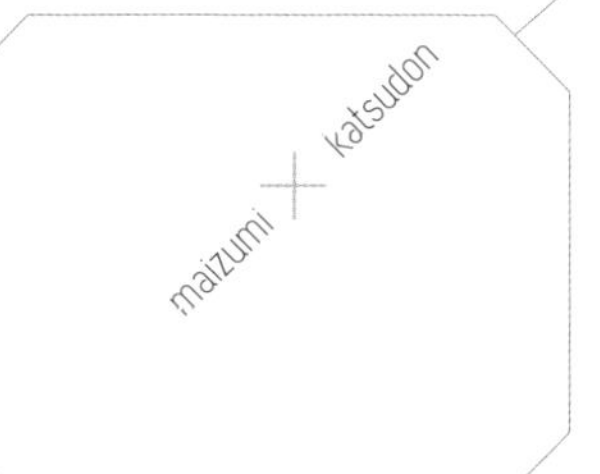

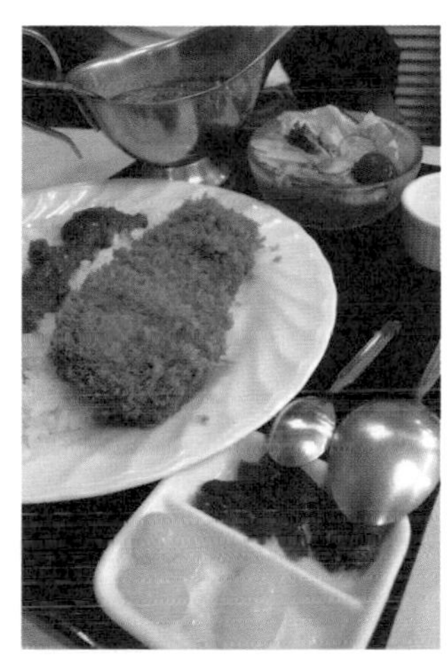

只要到日本旅行，這家炸豬排老店設在百貨公司美食街的專櫃，總是我會買便當消夜的補給站。

愛吃他們香酥不膩的炸豬排，連冷了都美味，一點都沒有可怕的油耗味。

頭一回因老饕朋友推薦，半信半疑買了便當回飯店。那一次也沒想太多，順手把便當放在桌上，隨即出門吃晚餐跟逛街。

當晚，先去回味讓我超懷念的拉麵。

在吃過九州福岡的博多豚骨拉麵、北海道札幌的味噌海鮮拉麵或旭川的醬油拉麵之後，會發現東京拉麵重鹹，但花樣跟變化很多。

有些連鎖的拉麵店相當讓人失望，不僅湯頭油膩不順口，麵體更是沒彈性，這種店在重視品質的日本很少見，但難免也會碰上。

買炸豬排便當的那晚，雖然吃到好吃的拉麵，但回到飯店的那一刻，看到冷掉的炸豬排便當，還是把它打開，沒三兩下就嗑光光，軟嫩肉香不在話下。

這家炸豬排專賣店，年齡據説跟我差不多，已經做出好口碑，有時用餐時間還需要排隊等位。

一貫都在百貨公司買便當的我，有回終於跟好友趁用餐外的時間去吃這家炸豬排飯，而且是選在表參道之丘後面巷弄的分店。

幸運被帶往裡頭的座位區，據説建築物以前是公共澡堂，因而有夠大的空間，有面對師傅們用餐的吧檯區，還有再裡面的用餐區。簡單挑高的日式料理屋裝潢，坐滿來朝聖的觀光客跟老饕，別有洞天。

我坐下來後，眼見連桌上的調味罐都冠上「まい泉」的字樣：回想台灣的連鎖餐飲，很少能做到這一點，只有餐巾、茶杯印上自己的Logo，這裡竟然連灑在豬排上的調味料也劃入整體規畫，有專屬店家使用的調味

料配方。搭配豬排吃的開胃醬菜也在水準之上，黃芥末醬更是值得一提，溫順不嗆、相當解膩；更不用說，那搭配豬排的米飯，不僅粒粒分明、Q 彈帶水，咀嚼後米香四溢，淋上咖哩醬吃，更是讓人不小心多嗑一碗。

在日本旅行，我最愛的一件事就是「吃飯」！他們的米飯實在太好吃，不管是飯店一早提供的自助餐，還是餐廳所提供的米飯，很少會吃到地雷。

麵衣酥脆、肉汁豐富的炸豬排，更是讓人一口接一口，以前吃地下街的豬排便當，只覺得冷豬排也很好吃；沒想到這天吃到剛炸好的豬排，真是驚為天人，忍不住就夾起豬排，先吃一口原味，再吃一口沾芥末醬，最後再吃一口沾咖哩醬，好吃的滋味，真的是無法用這短短小篇文字描述。

如果你也喜歡吃豬排，下次去東京時，不妨也找個時間朝聖。

發現小奢華

とんかつまい泉 青山本店
地址：東京都渋谷区神宮前４丁目８－５
電話 0120-428-485

地鉄：表参道站，A2 出口走路 3 分鐘
營業時間：11:00 ～ 22:45
（建議避開上班族用餐時間去，不用等太久）

Tokyo

漫遊吉祥寺

有別於都心的繁榮匆促，走在吉祥寺的街頭；緩步慢行，多了一些優閒的情調。

出國旅行，有人習慣先做功課，但對我們這種到最後都是吃吃喝喝的饕客來說，「閒晃」也許最好。

一群人出了飯店，就往新宿車站搭車轉向吉祥寺，聽說那裡有很多小店跟小餐廳，都走可愛的風格。

天氣忽陰忽晴，帶著傘仍不減遊興到了吉祥寺車站後，幸運遇到短暫的雨停。從吉祥寺車站北口走往貍小路，在這條貍小路，我們偶遇「虎屋」這間日本百年和果子鋪。

我們先往其他方向的徒步區，繞了一圈所謂的可愛小店或餐廳，在LOFT百貨停步；朋友愛逛、愛看看這百貨公司的家飾設計，

但對我來説，百貨旁的薄餅小攤與咖啡更吸引我。

於是，我就在一樓的薄餅小鋪喝咖啡，天氣涼涼且陰陰的清晨，喝杯咖啡讓人溫暖一點。

眼前徒步區小店真的很多，每間都很迷你，有間紅茶專賣鋪不時傳出茶香，讓我有掉入歐洲街頭的幻想。有趣的是，我發現在徒步區最多人排隊的，竟然是來自台灣的珍珠奶茶小店跟可愛的甜甜圈小鋪。

從二〇〇八年起，我就發現日本人很瘋珍珠奶茶。在神戶的美食街上，好幾家珍珠奶茶很夯，甚至還有跟台北永康街冰館一樣的芒果冰，但對台灣觀光客來説一點吸引力都沒有。

日本人賣珍珠奶茶，包裝就是特別用心，而且一定會有抹茶口味，試想，當抹茶冰沙加上珍珠，會是什麼風味。

回到狸小路，我們去吃了松屋的丼飯，看似簡單的咖哩飯，口味道地而扎實。在日本想吃好料，排隊人潮就是鐵證，跟著排就對了。

發現小奢華

吉祥寺虎屋
地址：東京都武蔵野市吉祥寺本町1-14-1
電話：04-2222-5435

吃完美味的咖哩飯後，我溜到隔壁的虎屋買買伴手禮。虎屋的「栗子羊羹」是百年招牌，口感滑順且吃得到紅豆香氣的羊羹，感覺很貴氣。

唯一的問題是，你不能切太大塊，厚度約一公分最好，搭配日本靜岡抹茶或台灣烏龍茶，最能解甜膩。

我從某本講品牌改造的書中，了解到虎屋的歷史，熱愛傳統和風的我，喜歡吉祥寺的虎屋；店鋪有傳統日本味，連包裝都是，拿起包裝，就會有種走在古早日本街道的感覺。

人情越來越淡薄的現代，大家反倒開始喜歡反思去懷念以前的古早味。買完虎屋的羊羹後，在走回車站的路上，我們繞到一處傳統市場，觀察攤販賣菜的方式。

對愛吃美食的我，逛傳統市場永遠是我最開心的事，好像回到童年跟媽媽一起，在人來人往的市場鑽來鑽去，買菜吃東西，聽著大人聊八卦跟說笑。

Tokyo

名符其實的香格里拉

一口咬下噴出的肉汁，晶瑩的白飯上流淌著濃郁的咖哩醬；咀嚼入口的，是這一瞬的幸福。

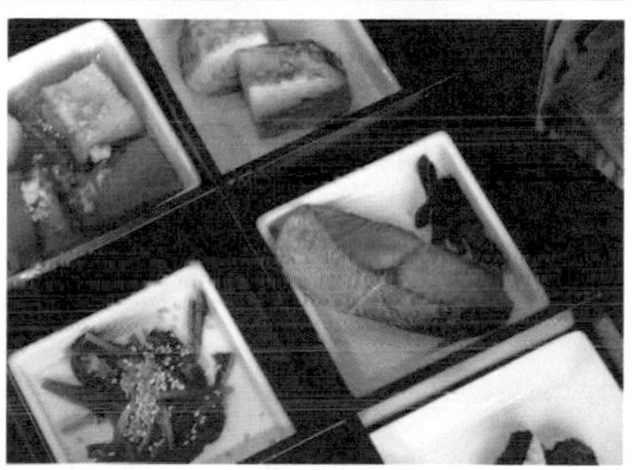

住進這家東京車站旁的香格里拉酒店，正值秋颱最烈。從沒在日本遇過颱風的我，以為日本的颱風會像新聞中常見的風雨交加，還可能面臨淹水；結果，當天只有微微風雨，上班族似乎都趕著回家躲颱風。

那兩天，我們以飯店為行動範圍。第一天住進這剛開幕沒多久的酒店，就被帶到樓上的交誼廳用下午茶；當晚，我們溜出去八重洲口對面那些小巷弄看日本上班族的社交活動。

隔天早餐，我特地點了波士頓龍蝦肉搭班尼迪克蛋，光聽名字就覺得奢華，讓我忍不住地拍了一張很美食雜誌的照片，當然食物超好吃，我更愛自助餐檯上的丹麥麵包。

朋友點了一份義大利蔬菜烤蛋白霜，他事後偷偷地表達不滿，改到自助餐檯上拿了一堆食物來滿足自己。還好有自助餐檯，不然點錯了就會很懊惱。

隔天，我改點了日式早餐，而且挑選另一個餐廳用餐，這餐廳非常有中東味道，窗花的翠綠顏色也相當美。

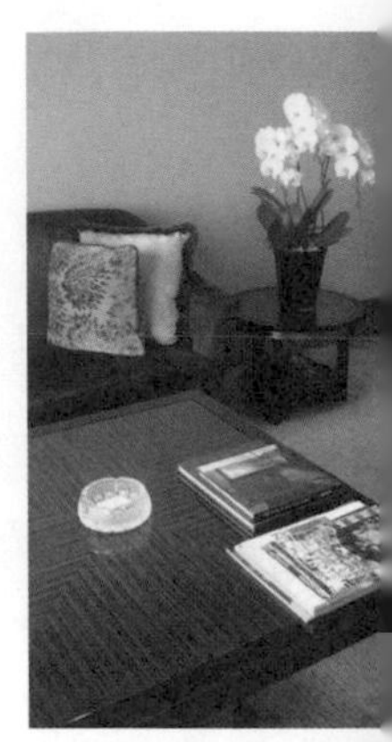

飯店餐廳的設計，採用許多銀杏等花草圖騰與原木年輪的自然概念來展現日式之美，而飯店的接待廳與樓梯間裝飾，則多了垂墜的水晶吊燈與金箔打造的工藝作品來呈現奢華。

我個人相當喜歡房間準備的茶壺，湛藍色鐵壺拿來沖茶似乎特別有味道，鐵壺有淨化水質的功能，讓我好想帶個日本鐵壺回台。

颱風在第三天的凌晨遠離，隨即而來的是一早的寧靜與我的無眠。

吃完早餐後，我就像個老人，在飯店的附近繞繞，想說離去前，能體驗一下皇居外苑之美。我從丸之內大樓那邊繞過，找到某大樓間的一家 Dean & Deluca 餐廳，本來想坐下來喝杯咖啡，結果根本就還沒開，只好作罷，繼續往前走。

繞到皇居外苑，發現很美的銀杏樹，可惜尚未轉黃。

不過，欣賞到這樣的美景已經讓人心滿意足。

發現小奢華

SHANGRI-LA TOKYO
地址：東京都千代田区丸の内1-8-3
電話：03-6739-7888

Tokyo

24

圖書館似的飯店

喜愛閱讀的我，
旅行中也不忘帶上一本好書；
這是第一次，走進飯店，就彷彿走進一間
圖書館，充滿書香。

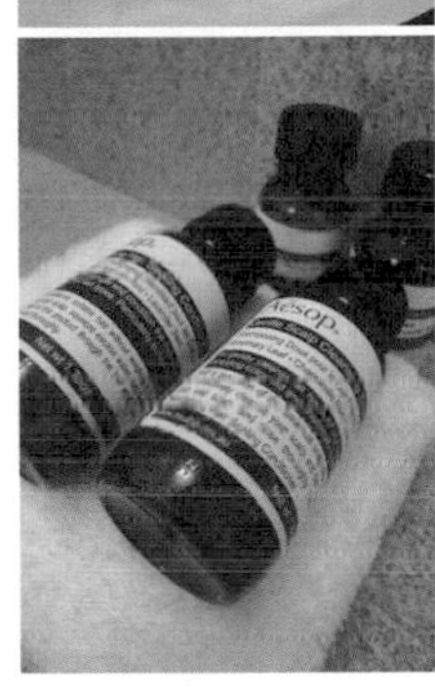

很少看到飯店的設計，讓人有如走進一座高大的圖書館，結合現代藝術跟圖書之美，連餐廳都富含人文精神。

對應沉靜且隱密的氣氛，內心驚呼連連，有感動，也有急於探索的衝動；好像在某座世界級的圖書館當中發現本本好書，心情激動卻又不能吶喊。

直到房門打開，在一陣簡單且慎重的介紹後，我們馬上進行一場地毯式的巡禮，把浴室的備品，比如這家飯店用的是 Aesop 澳洲有機品牌的沐浴用品；mini bar 裡頭的咖啡機是哪種？甚至哪些飲料是這家飯店所提供的？等等服務細節，做了一番品味檢視。

最後就坐在沙發，品嘗飯店提供的迎賓下午茶。位於日本新宿的這家 Park Hyatt 所提供的是精美的巧克力甜點，裡頭有含杏桃乾、杏仁果等榛果的巧克力 bonbon 糖，濃郁帶有果香的巧克力，最好搭配紅茶或咖啡，表示這家飯店的伴手禮店也應該很值得探訪。

住一晚，其實很不過癮，因為這家飯店的視野相當好，離新宿車站不遠，想逛街跟找尋美食都很方便。

早餐也相當豐盛，最讓我驚豔的，是那吃起來有如蛋糕般綿密鬆軟的歐姆蛋捲。吃第一口時，內心都驚呼起來：這歐姆蛋捲怎麼這麼厲害！煎到口感鬆軟外，外觀還相當美麗！

如果你講究養生，這裡也有針對養生的蔬食早餐跟健康滿分的蔬果汁。我觀察到自助餐檯上的食物，豐富而不過度，該有的肉類、蔬果、生菜、優格等一應俱全。讓人驚訝的還是，如果你挑了一份套餐，發現份量不夠，還能挑選自助餐檯上的食物。

為了探索自助餐檯，我就在等套餐上桌前，先去餐檯拿沙拉，恰好看到他們用一整片蜂窩所滴下來的蜜，讓舀蜜的客人看到蜂蜜的出處。

這是目前高級飯店的流行，也是國際餐飲的趨勢。讓客人在餐桌上看到食物的原貌，甚至某些高級餐廳在上菜前，還會先擺上食材，讓客人透過視覺、嗅覺先體驗食材特色，再進行味覺饗宴。

用完早餐，出門前，順道繞到飯店地下室的伴手禮店，我就看到那一片有著精美包裝的蜂窩。採光明亮的伴手禮店，整個牆面都是海鹽、香料、蜂蜜、調味料、橄欖油等食材伴手禮，中間則是飯店所提供的熟食區，冷藏櫃有做好

的焗烤千層麵、通心粉沙拉和法式肉凍。

同時也有許多上班族來這裡用餐，心想，如果台灣飯店也有這樣的地方，我們的上班族也會喜歡來這裡用餐嗎？想到這裡，突然讓我想起台北以前也有Dean&Deluca這樣的好地方，可是人氣似乎差別很大。

用餐的環境高雅，休憩的空間則沉穩；這間飯店不僅提供溫暖的床鋪，也給了我一趟反思台灣飯店經營的機會。

發現小奢華

Park Hyatt Tokyo
地址：東京都新宿區西新宿 3-7-1-2
電話：03-5322-1234

Tokyo

理想中的高檔酒店

或許聽來荒謬，對我來說真正高檔的酒店，
其實也要看他們如何經營旗下的餐廳，
能否達到高標。

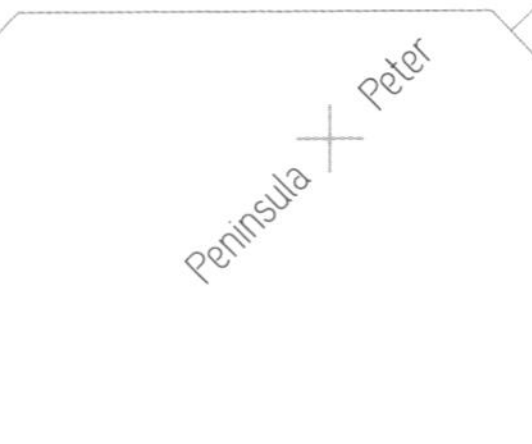

台灣飯店很少把甜點廚房完全透明在客人或行人眼前，東京的半島酒店給我印象最深刻的，是主廚把超大的翻糖畫作，小心地放上蛋糕體的那一刻。

住宿當天，正好碰上國泰航空在酒店舉辦羽田機場的首航派對；當晚，我們到二十四樓的PETER餐廳享用主廚充滿創意的法式料理。

最炫的是，步入餐廳的剎那，燈光效果把客人妝點有如明星，透過科技，當你走過舞台，投射在舞台的流星群或紛落的樹葉也會跟隨腳步，一路尾隨。

從餐廳往下看，有東京的無敵夜景，可邊吃晚餐邊俯瞰地面上的車水馬龍。

以Sous-vide方式來處理牛肉或魚肉，以防止過熟，似乎是這幾年法式料理的主流。PETER餐廳的主廚也是用此方式先煎後低溫蒸烤鮭魚跟牛肉，特別是用鮮嫩的牛肉搭上鵝肝醬，口感與搭配算經典，但外型卻又是幾何圖形呈現，似乎是要呼應科技感十足的餐廳。

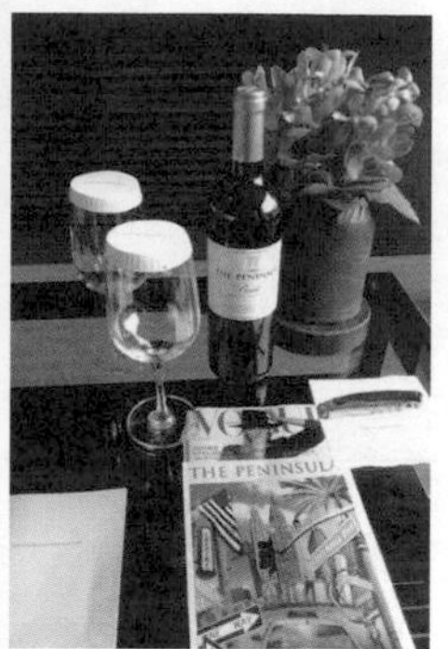

光是紅白酒搭配法國料理，不用靠眼前的絢爛光影，心早就醉了。

想起今天住進這半島酒店，從桌上的迎賓水果甜點（還鋪好餐具口布），到用咖啡機煮咖啡的高級享受，一切宛若夢境。不花俏，卻講究細緻質感，就是東京半島酒店給我的感受。難怪，台灣有些貴婦團花再多錢也要住上一晚。

至今，這家飯店讓我心繫的美味，竟然是我在早上吃到的法式土司。

看起來平常的法式土司，柔軟到讓人想哭，咬下去的瞬間竟然奶香撲鼻，甜度剛好，真是無法言喻的美好滋味。鮮奶泡到剛好的土司，沾蛋後用鍋煎的火候也要掌控，柔軟程度讓我堅信，跟土司的口感有很大關係，那土司應該原本就很好吃。

相較於朋友點的日式早餐，這法式土司堪稱經典，我還要求朋友一定要嚐嚐。一家頂級酒店應連早餐也用心，但放眼台灣的頂級飯店，似乎鮮有在早餐也如此用心。

我是一個不那麼在乎早餐的人，往往一個可頌、一杯咖啡就很滿足。能在日本吃到這麼豐盛的早餐，讓我真的覺得好幸福，才會在回國的飛機上想到，如果可以把旅行中所感受到的奢華寫成一本書跟大家分享，該有多好！

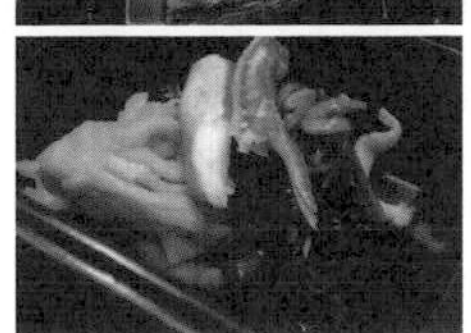

發現小奢華

PENINSULA TOKYO
地址：東京都千代田区有楽町
1-8-1
電話：03-6270-2888

Tokyo

26

我也想開這樣的夢想小店

你是否也有過一種衝動，看著眼前的店家、
溫馨或別具設計感的空間，
讓人也想擁有一家屬於自己的小店。

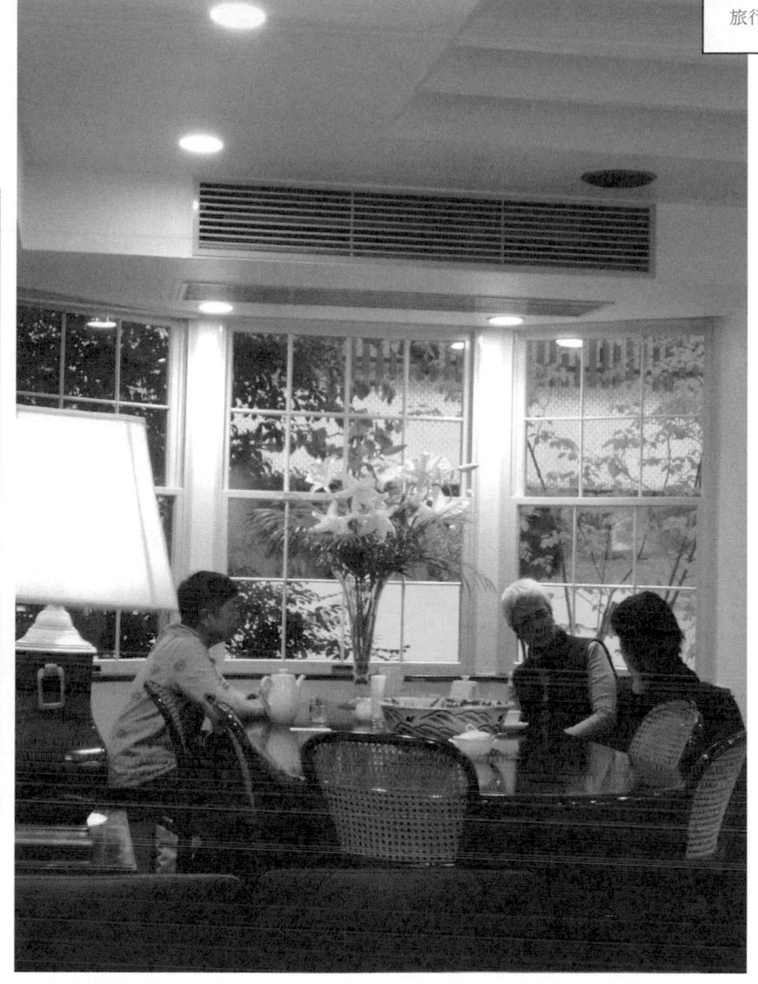

「支持我維持這家店的原動力，來自於顧客『真好吃！』這樣的一句讚美和與人相遇相識所帶給我的喜悅。」甜點書作者浩子，她所寫下的文字感動了我哥，因而讓他開始學做甜點。

我也因為作者美好的工作態度與生活哲學，首次飛往東京造訪 GRACE CAFÉ ，葛蕾絲咖啡。

雖然是九月初，東京還是很熱，必須要搧車站發的扇子才能驅走熱氣。那時我靠著手抄的地址沿途找尋；最後，還是讓我找到這家躲在西荻窪巷弄裡的小甜點店。

以觀光客的心情，在屋外探頭探腦，跟同行朋友在屋外拍了照片，進屋用很破的日語跟老闆娘、也就是作者說，我是拜讀她的食譜書後才來。

靦腆的老闆娘似懂非懂地笑著點頭，其實我也聽不懂她回我什麼。

我們快快地進屋，點了一份卡士達蛋糕跟冰伯爵紅茶，濃郁奶香的卡士達蛋糕，入口綿密，尤其是蛋糕海綿體的濕潤，搭配沖到剛好香氣與濃度的紅茶，茶香與奶香的交融，真是無以倫比的幸福。

我只能用「簡單的手作幸福」，來形容第一口蛋糕的感受；這間店也教了我一種「簡單知真味」的處世態度，誰說東西都要弄得很花俏，只要真材實料，就算是單純的美味，吃起來都是確切的幸福。

特別是老闆娘說，她看著客人從單身吃到談戀愛、吃到結婚帶小孩來吃，那伴隨成長的幸福，都來自她手裡的那份甜點。

我心想，回台灣後，也要開這樣的餐廳。後來，我真的在台中開了間餐廳，有美麗的花園跟簡單的餐點，客人也喜歡帶著孩子來吃飯，我也真的體會當中的幸福感。雖然後來店收了，這份幸福感並沒有消失，它現在轉成我對身邊每個人的美食分享。

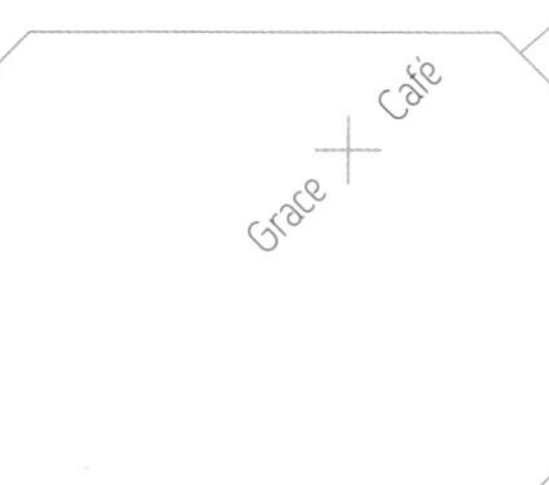

二〇一〇年的秋天，我跟另一群人造訪這家蛋糕店，店內的裝潢依舊，甜點依舊好吃，茶也很棒。我卻發現西荻窪這邊好像多了很多西式甜點的店，不復當年那種日本鄉下小鎮的風情。

從 GRACE 吃完甜點拍完照，我們走原路回車站，邊走邊看街邊的小店，剛好接近萬聖節，南瓜裝飾的小物擺在店門口。每次回到曾造訪的地方，就有種物換星移的感覺，很難斷定自己內心的感受是好是壞。

只是說真的，我比較難忘第一次造訪的感覺，那真的是擺脫東京都的塵囂，突然來到一處隱匿日本歷史的小鎮，連車站都還掛著漂亮的歷史畫作。現在改建成新車站，那幅告訴你這小鎮以前風貌的畫作也不知到哪兒去了？

發現小奢華

GRACE CAFÉ
地址：東京都杉並區西荻南 3-16-6
電話：03-3331-8108
營業時間：11：00～21：00
（周日公休）

Tokyo

法國茶館在東京

帶著濃厚法式生活風格的我，
走進東京，最不習慣的，
或許就是日人的整齊劃一。

對日本的法式甜點，一直有個不能認同之處，就是他們所做出來的法式甜點，視覺上總是讓人覺得太「工整」。

雖然甜度比歐洲各地都低很多，也比較接近台灣人吃甜的程度，但我更欣賞法國甜點主廚的手法。法國人不管是在做甜點或其他藝術創作，總是秉持著「恣意浪漫」的態度，不像日本人要求工整端莊。

我的「愛比較」，往往都是在旅行中最顯嚴重。

當我到東京旅行，知道這邊很多法國巴黎甜點店的分店，就要去體驗一下有什麼不同。像住在東京的貴婦，幾乎以這家銀座跟新宿才有的法國百年傳統茶館 Mariage Frères 為必訪聖地；旅居巴黎期間最愛去這家茶館喝茶的我，當然也要感受其中差異。

在巴黎，進入茶館後，鼻間聞到的豐富茶香，與接待人員對茶的專業知識，都會有種彷如走入時光隧道，體驗到二十世紀初法國上流社會貴族買茶時的優雅互動。

有機會坐下來喝茶吃甜點的話，更會為了那一壺茶而感動，特別是溫度與茶香。

沏茶最怕溫度不恰當，茶汁的來回沖激可以減少單寧的酸澀，把熟韻沖激出來，這是百年茶館沖茶技術的祕密。當客人閒坐，除了欣賞桌上如一本歷史小說般的茶書，還可欣賞到茶館中間那長桌上擺放滿滿誘人的甜點。

這是我在巴黎瑪黑區 Mariage Frères 茶館所體驗到的，跟東京新宿的 Mariage Frères 茶館很不一樣，東京的似乎更為現代感。

雖然，東京茶館的服務人員也很專業，茶館的點心與沏茶技術實在不如巴黎。如店內招牌 Marco Polo 茶沏得尚可，喉韻甘醇，芒果香氣迷人；可是另一款大吉嶺茶 2008 Darjeeling Happy Valley 略遜一籌，不知是茶溫過高，還是沏茶的人心太急，完全沖出茶中單寧，顯得澀氣過頭。

東京茶館的氣氛與裝潢也是試著要完全複製巴黎總店，但礙於建築形式，有種傳統與現代結合的混搭風，還算差強人意。專屬 Mariage Frères 茶館的一整排黑底茶罐當牆面裝飾的風格，讓整間店的氣氛沉靜，還有印度尋茶旅人

與大象的東方風畫作，在鵝黃色的牆面上格外具有異國風情。

除了喝茶，也要搭配點心，才算是貴婦般的下午茶。在服務人員的專業推薦下，我選了一款當季鮮果塔，用當季的新鮮水果搭配底部的杏仁酥塔，中間的鮮奶油讓水果吃來更討喜；另一款加了濃郁起司慕斯的「水果起司派」，乍看之下，外型貌似改良版的希布斯特蛋糕 (Ciboust)。

我還是熱愛法國當地甜點所展現的恣意浪漫，透過濃郁甜香與紅茶甘醇的互動剛剛好，有層次互相交疊的美感。如果像日本那樣，要調整茶的濃郁度與甜點的甜度，我寧可喝杯清新的抹茶搭配濃郁甜膩的和果子。

發現小奢華

Mariage Freres Shinjuku
茶館新宿店
地址：Suzuran-Dori, 3-14-25 Shinjuku Shinjuku-Ku Tokyo
電話：03-5367-1854

Tokyo

浪漫銀座之夜

銀座的夜晚比白天美，
炫麗的舞台在夜間綻放奢華的夢想；
LV 那如同滿天星點的夜空牆面，
給人帶著行李去旅行的憧憬。

車水馬龍的銀座，滿街都是貴婦，不是走進知名甜點店 Dalloyau 吃甜點喝咖啡，就是到資生堂吃飯喝下午茶；還有一堆人到木村屋總店搶著買剛出爐的麵包，或溜進新光三越百貨吹冷氣逛街。

日本朋友總跟我說：「Levi 我知道你喜歡吃甜點，但在日本，甜點店是女性友人聚會的場合；男生就算有多喜歡吃，也都只是外帶回去，不會在店內享用。」

隨著風氣改變，現在的日本也越來越多甜點店出現男生坐在店裡吃甜點，不過認真回想，比起台灣男生愛吃甜點的比例，似乎還是少很多。

看來日本男人，還是很難在別人面前展現出柔軟的心，不像我法國男性朋友都直接告訴我他有多喜歡吃甜點跟做甜點，他也這樣追到老婆。

二〇〇八年我在銀座吃了知名的天國天婦羅、去法國百年甜點店 Dalloyau 品嚐幾款匠氣的法式甜點，買了資生堂大樓一樓的伴手禮。一〇年我認識她美麗的夜景，並從另一個方向走入這迷人的炫麗舞台。

當時住在皇居外苑與日比谷公園附近的半島酒店，晚上在附近隨意走走。結果逛著逛著，竟然就走到銀座。經過有樂町，鐵道下有好多的餐廳跟日式居酒屋，甚至還有家超人氣的日式燒烤店。

從以「富貴」為名的日式傳統燒烤店、超級歐風的比利時啤酒屋、有著可愛豬頭作招牌的「韓豚屋」韓國料理、強調新鮮的「OSTREA」生蠔吧餐廳，以及超人氣的壽司店等，這裡的美食十分多樣。

只可惜，晚餐吃了法式料理，已經吃太飽，根本沒辦法再吃，不然我多想要來吃上一回，每一家都吃吃看。

晚餐後，就著夜色趁著天涼，來一趟銀座的window shopping也很不錯，這裡的櫥窗跟建築都很有設計感。

像Louis Vuitton如星點斑斕與樹影搖曳的大自然牆面光影；Mikimoto的鏤空外牆透著玻璃內牆的燈光，有如一座神祕的城堡，夜晚的感覺比白天美太多了。還好是晚上來，才有賞心悅目的收穫，欣賞到如此繽紛的銀座。

最讓我心動的，還是某片玻璃櫥窗內的鍋具器皿。

日本人在櫥窗陳列上的大膽用色，我們仍望塵莫及。透過木質與白色廚櫃的擺設，將繽紛色彩的鍋具與器皿更加烘托出來，而且不失天然與現代的廚房氛圍訴求。重點是那水泥牆的寬闊感，在金色鏤空的垂墜裝飾下，自然顯現這些廚具器皿的可愛與貴氣。

我的生活就來自這些器皿，自然而然將器皿當成藝術品，我的生活才更加有格調。

Tokyo

喝一口停下腳步的咖啡

匆忙或悠閒的旅途，總會有疲憊的時刻；
找一間咖啡館，坐下奢侈的發呆，
揮霍的是美好的時光。

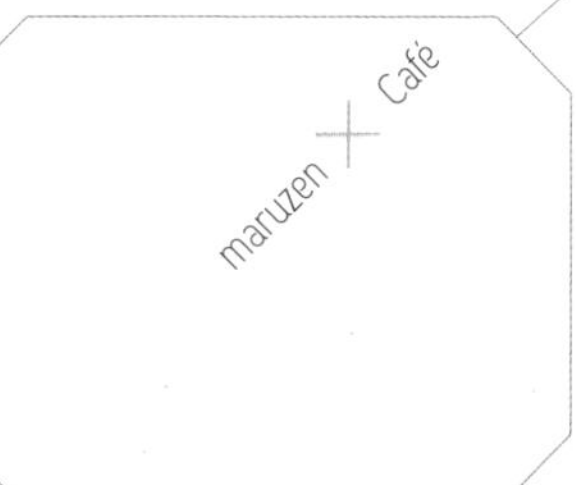

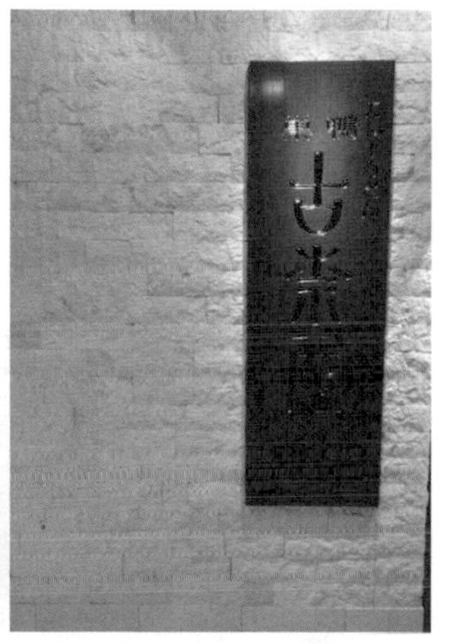

暫居的飯店就位於東京車站旁，秋颱掃過東京的這天，不宜遠行，於是朋友各自四散隨處走走。

第一次逛進丸之內大樓就發現這家位處一樓的 T-coffee 咖啡吧，自己閒逛時，馬上鑽進這家都是原木吧檯椅的咖啡角落，坐下。

點一杯咖啡，拿起一本書讀著，在手邊的某間家居店的 dm 上寫下：「一杯咖啡的時間，從喝咖啡的時光，洞悉人性與人生的方向。」

那時，我的人生方向是什麼？記憶有些模糊了。

應該就是寫下當時的記憶，公開旅行心事，也許每個人都會這樣，總在旅行中擁抱孤獨。

走入東京車站旁的新丸之內大樓，夾著古典氣派與現代的裝飾風格，店內的品牌最讓人眼睛一亮的，就是香蕉共和國 (Banana Republic)。這個台灣沒有進的國際品牌，是我在巴黎所熟識，我特別愛用他那一款男性香水，清新的柑橘味，總是讓一位學妹輕易發現

我的到來，她到紐約旅行時，還特地幫我帶回一瓶。

踏進新丸之內大樓裡的 Banana Republic 專櫃，幾經詢問店員才用很日本口音的英文説，那款香水已經絕版。我只好買了另一款用木頭盒裝的香水，短小卻優雅的瓶身裝在大木盒，濃厚的香味讓人驚喜，後段的木頭香最讓我著迷，我決定在冬天灑上它的溫暖香氣。

轉入附近樓層的 Unico 家居用品店，添購白色珐瑯茶壺、綠色珐瑯杯、陶土咖啡杯跟手作橢圓深盤，試圖想回台灣繼續過那種充滿和風感的文創休閒生活，這樣的風格現在也延燒到台北，許多咖啡店都是這種調調。

記得〇八年初次到丸之內大樓，看到某個層樓正在展出 NASA 的太空衣，現場大人小孩紛紛拍照留念，甚至有人把頭從頭罩探出，彷彿穿上這件太空衣一樣讓親友幫忙拍照留念。

同一棟大樓，還有日本大型連鎖的 Maruzen 書店入駐，整體氛圍有如台北的誠品。

不管是新舊丸之內大樓，都充滿藝文氣息；美中不足之處，就是這次沒有看到紅磚外觀的舊東京車站；施工中的車站，被鷹架跟塑膠套層層包裹，只好在內心立誓，下次一定要再去參訪。

旅行中的遺憾，往往是下一趟旅行最美好的藉口。

喝杯咖啡、讀一本小説，靜靜觀察當地人的生活，或是品嘗不可錯過的美食，才是我旅行的重點！

Tokyo

30

一生懸命拉麵店

偶爾有雨的涼天，
吃碗拉麵喝著湯最是幸福。

這家拉麵店就位於甲州街道上的轉角，從新宿車站南口往新宿中央公園方向，就會發現轉角這家不可錯過的美味。

翻開門簾，裡頭坐著幾位從台灣來的饕客，大家邊吃邊拍邊聊天，應該是部落客特地在東京尋找好吃的拉麵店。

雖然網路上寫這家拉麵店的格友不多，但大家的評價都很好，特別是營業時間很長，從早上十一點到隔天凌晨四點，對玩到三更半夜卻又想吃碗熱呼呼拉麵的人來說，真是不二選擇。

每每進到拉麵店，我都會像個美食偵探，東瞧瞧西看看，看看這家店有無特殊之處。光看到牆上掛著「自家製麵熟成室」就讓我對這家小店刮目相看，在日本可以這樣告示客人，表示有一番水準。

我對拉麵食券機相當有興趣，總覺得台灣拉麵店是不是也要來上一台，才有賣拉麵的 fu。

店內牆上貼的海報，還提醒你：「大碗不用加錢」，對這種精打細算的觀光客，當然再好不過。

點一碗大的「超強味噌叉燒拉麵」，算是店內的人氣招牌，光看到鋪在上面的叉燒肉，會覺得這家拉麵店做生意真

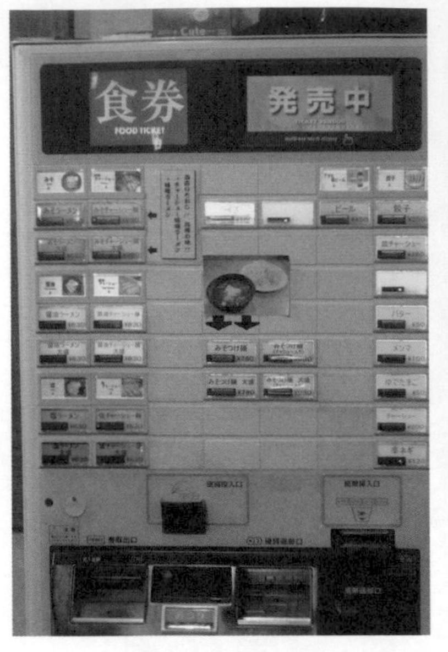

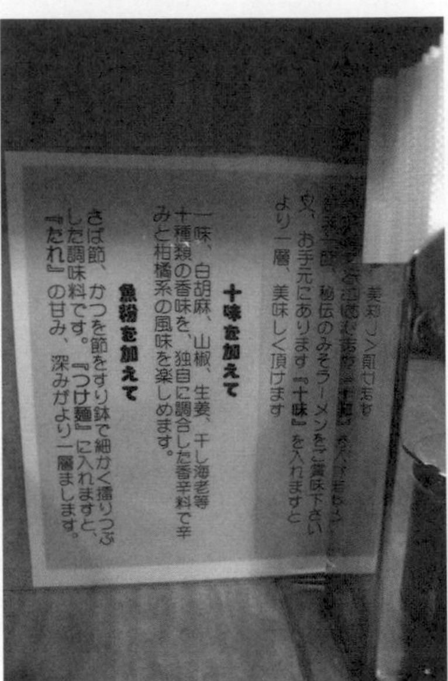

發現小奢華

十味屋拉麵 - 新宿西口
地址：東京都新宿区西新宿
1-19-2
電話：03-3343-6823

是佛心，給這麼多軟嫩又好吃的叉燒，如果想試試調味料，桌上的魚粉跟七味粉都是店家特調，讓拉麵風味更多元，就像店名「十味」，從湯底的白胡麻、生薑、蝦米乾、山椒等，到豚骨湯頭配合上香濃味噌。

據說老闆為了讓拉麵湯頭的風味更棒，還特地炒過豆芽菜，一家拉麵店能否招來回頭客，其實在離開店的那一剎那的溫暖感，自然牽繫下回的相逢。

像日本的九月底，秋天的氣息已很濃厚，遇上秋颱的日子更是淒涼。能夠吃一碗，從製麵熟成到湯頭豐富都一一講究的拉麵，真的是再幸福不過的事。

小小的冒險，竟然給了我這麼美好的吃麵經驗，有時候，覺得日本人為了某些堅持要「一生懸命」地做，呈現的美好卻帶給人無限的幸福感受。

那些年，從北京吃喝到台北

Beijing to Taipei
In those years, we ate & drank from Beijing to Taipei
Famed for their complexity and citrus fruit notes, Sidamo beans are used regularly in high grade espresso blends, providing both body and high notes. The Brazilian brings the sweetness and the Honduran depth.
This blend is bright and lively, with medium body and a very pleasant finish.
Agnès b. DELICES selects grand crus cocoa from around the world to produce the most exceptional chocolate covertures, combining cocoa from Alpaco (Ecuador), Araguani (Venezuela), Tainori (Dominican Republic), Manjari (Madagascar), Guanaja and Caraibe (Carribean), and Jivara (South America), which brings you the most charming qualities of chocolate, made for you fresh in our world-class kitchen everyday.
agnès b.
DELICES

那些年，從北京吃喝到台北

吃好料，本來就是我旅行的主題！
當然，在品嚐美食當中，
我也會「離題」地去觀察每個走過的城市。

二〇〇八年，因參加北京奧運兩岸美食交流的參訪團，讓我有機會前往北京，感受這人文味兒與街頭滷煮湯汁一樣濃厚的城市。而隔年六月的上海、八月的廣州，讓我察覺十里洋場的蛻變，和南方商賈大鎮的飲食氣度。

從北京出發的美食記憶，沿著上海、廣州到香港，回到台灣也許你會意猶未盡。

不妨隨性跳上火車直奔花蓮，或搭高鐵到台中看「眼科」、透過烏日站的轉運直奔彰化吃肉圓跟紅豆餅。

電影《那些年，我們一起追的女孩》熱潮未減，電影主角愛吃的阿璋肉圓依舊大排長龍，也許這樣的美味也正吸引著對岸渴望來台旅行的好友。

去廣州的那年夏天，隨著在地的朋友吃吃喝喝，十幾天下來，也算吃了很多高級跟一般的民間小食，幾乎都是超人氣的美味。

有間無意中在廣州市東山地鐵站附近發現的港式龜苓膏，好正好純的退火涼品，因為對廣州的涼茶文化還不甚了解，這次並沒有寫入；在廣州邊走邊逛，天氣熱到讓人發暈，一定得要喝杯涼茶消暑。

正是這種夏天的滋味，一種熱到發狂的溫度，讓旅人的你還是得繼續往前走。

不管是在北京、上海或廣州旅行，我都剛好遇上了夏天！

北京的高溫也是驚人的猛，曬到覺得自己是隻炭爐裡的北平烤鴨；上海的熱有著 lounge bar 的喧鬧，白天跟夜晚一樣熱鬧，好像想把這城市鬧翻；相較之下，廣州的熱有著南方的閒散，特別是在公園看人釣魚後，吃杯涼茶去也很舒暢。

回到台灣，我到花蓮太魯閣度過兩次充滿禪意的旅行，體會自己做巧克力的樂趣；中部的台中跟彰化，這些年因為電影火紅與文創咖啡的蓬勃引進觀光人潮，老房子改造的咖啡館越來越夯，一間日治時代的診所改造的冰淇淋店，瞬間竄紅！

這些符合時代流行的美味，成了我台灣旅行的重點。

跟法國、日本風格非常類似的藝文咖啡館一間一間在台北街頭巷弄內開著，每天都有年輕人泡在那邊上網看書，甚至是創作。

在都會旅行的我，都是用腳走出一方美麗好食光。

往往在小小的角落，讓我發現了某些人在用自己的手創作品跟這個城市對話。

那些年，我從北京吃喝到台北，旅行的腳步也暫作歇息，準備下一趟旅程的出發。

當然，就跟我的天命一樣，怎麼樣的旅遊規劃，最後還是會以「尋找美食」為重點。其實，是因為大家知道我愛吃，總是努力地想讓我的旅行更加地美滿開心。

China

31

北京王府格格宴

走進曾經繁華一時的王府，看著身穿清裝的服務人員，進行一場穿越時空的美食饗宴。

那年，我應邀隨團採訪北京奧運兩岸暨國際美食藝術大賽。很多目前台灣最夯的名廚如電視節目《型男大主廚》御用主廚電鍋男吳秉承跟古錐師郭主義，還有後來娶了水果妹柯以柔的日式創意料理大廚郭宗坤師傅等人都在。

那是我們初次相遇，沒想到，他們日後竟都成了台灣美食節目爭相邀約的大廚。

當時，他們還是由各自所屬的餐廳派出隨團參訪，順道觀摩來自中國各地名廚的廚藝水準。

這次因北京奧運特別舉辦的兩岸美食交流活動，主要是以切磋廚藝為目的，也讓我這從未來過北京的愛吃客，見識細微刀工與熟稔廚藝的精湛。

來自中國的師傅也透過這次的交流，看到台灣廚藝界的創意與展現手法，因為我們已經進入擺盤精緻與個人化的領域。

雖然此行目的在於廚藝交流，我卻最難忘與吳秉承師傅、郭宗坤師傅蹲在路邊吃滷煮的夜晚，大家隨興聊天與講心事，怎麼也沒想到他們現在如此忙碌，根本無法再與他們這樣相聚。

那間充滿清代風華與現代感的「郡王府」餐廳，屬於半島明珠酒家集團所經營的高檔餐廳。

剛下飛機，我們從超大的機場離開後，馬上被巴士接到朝陽公園旁的這家餐廳。吃到不是重點，是那股華麗與氣派的氛圍，打開我的視野。之前我也去過江南，見識過所謂的高檔餐廳，卻沒這家來得氣派與講究。

上菜與表演古箏彈奏的美女，都著清裝，菜色菜系不拘，並非一般傳統的御膳。那天的料理有幾分南方菜系特色，如清蒸時魚、酥炸鳳尾魚、麻辣涼粉、滷水鵝片牛雜、青椒脆腸等，我想是主辦單位怕台灣大廚吃不慣北方菜，才特地安排這些南方的菜色。

說真的，我早已不復記憶這些美味，卻有一種人生景況的感觸。相隔四年，同行的廚師，好幾位已變成可在電視上看到的廚藝界大人物。

這次旅行，讓我對北京餐飲界的傳統與時尚有了一番認識。熱愛街邊小吃的我，會去吃要秤斤論兩的炸醬麵，也會去吃吃看一串串的滷煮，可惜沒吃到王府井大街附近東華夜市的羊肉串、烤海鮮。

不過，有些遺憾還是留待下次，這樣的美味旅行才會有更濃、更強烈的期待。

美味哪裡找

北京郡王府飯店
地址：北京朝陽區朝陽公園南路 19 號
電話：010-65855566

China

南鑼鼓巷中的甜點兒

人到北京的「南鑼鼓巷」，眼下的咖啡風景早就讓我把旅遊書裡的記憶，遠遠拋在腦後，我愛這裡騎單車、走路的人，還有讓我閒置下來的心情。

就像北京朋友說的，北京就是有股濃郁的文化氣息，讓你連喝杯咖啡都餘韻盎然。

應該說，有歷史的城市都是這樣。老房子跟咖啡，搭出嶄新的生命力，把現代人最熱愛的飲品，有個性地放入老房子。不管是誰，往那窗邊一坐，就坐成了街邊最自在的風景，有路旁高聳向天的樹襯著，就是美。

旅行途中，我都像個老外，一個人獨自默默吸吮著這個城市的文化底蘊，不管是從人或從場景的角度，永遠跟這個城市保持著最適當的距離觀察。

我會坐下來喝杯咖啡，聽聽當地人說什麼，或跟路邊賣水果的小販買買當季的黃香李，間或溜到饅頭店聞聞剛出籠的麵香。

南鑼鼓巷的白天跟夜晚有不同風情。白天有人喜歡約人來這裡喝下午茶聊天，或逛創意小店，買買服飾或其他小物；晚上則是夜店林立，熱鬧非凡，邀集三兩好友喝杯小酒的攤很多，端看你喜歡哪家的音樂跟酒。

但下午最熱鬧的，莫過於人潮進進出出的文宇奶酪店，每個人都外帶了好幾盒。

我從不相信奶會解身體的渴，來北京後才真的有所體會。保有自然存於奶

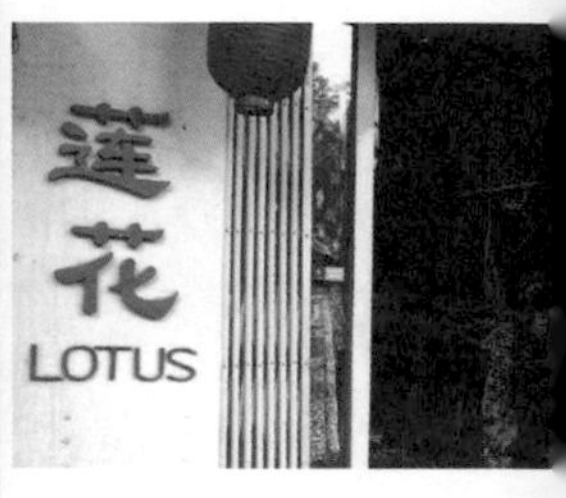

中水分的奶酪，讓人品嘗後仍餘韻猶存，奶酪的糖量低，愛吃甜一點的人，不妨點上紅豆奶酪，蜜了糖的紅豆搭配奶酪，並不會太甜。

店家強調他們製作奶酪的方法源自清代宮廷，是清朝貴族飯後解膩、讓自心清涼的聖品；要對抗乾熱的北京夏日，這樣清清淡淡的奶酪是必要的。

這款甜點口感清爽，猶記吃下第一口奶酪的心情，我用義大利奶酪的美食印象來打分數，卻發現吃完後那單純且清新的感覺，與這把歷史吹往過去的午后閒風很搭。

在藝文氣息濃厚的胡同巷弄，找到一股宮廷美食所遺留下來的清閒味，真是我在南鑼鼓巷最大的收穫。

有時，這樣的味，比吃一堆各家的烤鴨來得自在多了。

發現小奢華

文宇奶酪店
地址：北京市東城區南鑼鼓巷
49 號
電話：010-64057621

China

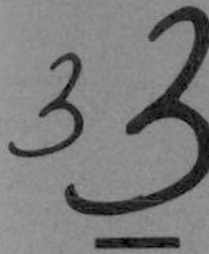

比尚・喬治更法國的和平飯店

從租界的時代開始，和平飯店就以一種舶來品的姿態佇足於此，比中國更中國，卻也比法國更法國。

一提到法國名廚尚．喬治(Jean Georges)，腦中就會浮現穿著名牌皮鞋、在廚房裡走來走去的米其林級大廚。

在上海外灘的一頓飯，就讓我完全理解他的貴氣。放奶油的盛盤，用的是軟滑如凝脂的和闐白玉，底下還用金銅色的底盒托著，不光保持奶油的低溫，還展現這位名廚的品味與對中國玉器的理解。進到所費不貲、等同於米其林星級的餐廳，從餐廳入口到桌椅擺設，甚至是廁所的規格與服務，無不讓人想用觀摩的角度檢視。

有 Logo 的方盤、簡約的刀叉設計等，都是他的個人風格，也是他旗下餐廳必然會見到的餐具。但餐點的呈現，就攸關員工與主廚的訓練，考驗集團旗下所有餐廳是否能有同等水準。

點了主廚精選午餐，從前菜炸蟹肉丸佐水梨季康菜絲、湯品是皇帝豆泥佐羊起司濃湯，到主菜的嫩煎肋眼牛排配薯條，或友人的主菜嫩煎豬里肌，形式都有法國菜色的風格，但火候掌控與食材的挑選卻讓人失望。友人的豬里肌口感過硬，我的主菜肋眼牛排也是帶了油筋，刀叉難以使力。

名大於實，讓人對這家外灘的高級餐廳失望，但我相信，我還是會飛去紐約，去看看尚．喬治的其他分店，檢視他的餐飲水準是否真的如此。

還好，服務人員的態度不錯，從窗口看出的浦東塔樓也很美；有河穿越的城市特別美，看得出來這外灘的景色跟香港很像，參天的高樓格外壯觀。

品嚐完尚．喬治餐廳的餐點，趁著亮透的陽光，順道逛了外灘，抓好角度拍下照片，同時體會當地人的閒散。

在街上逛了無數小店，沒感覺到時間的流逝，抬頭一看，天竟然已經暗下，附近的和平飯店已點上華燈。

跟著朋友一起，晃進上海知名的和平飯店，這裡讓我有回到巴黎的感覺。光是看著入口旁的小店，店內賣的絲巾小物，就像回到巴黎左岸，櫥窗裡擺著五、六〇年代流行的仕女呢絨帽、皮手套、綢緞絲巾。

鑲嵌著鑽石般的天花板，大廳傳來優雅的琴聲，讓人頓時時空錯亂，以為真的來到巴黎。

飯店旁的 CAFÉ 也是一派法式格調，真不愧曾是法國租界，濃濃的法國味不因時空轉換而改變。這就是歷史的魅力，也是法國跟歐洲其他國家所仰賴的觀光資源。

沒有歷史魅力的房子，就很難打造出那種濃郁的氣息。

尚．喬治餐廳也是由外灘的老房子所改裝，卻少了和平飯店濃郁的法國味。如果讓我再選一次，我寧可在和平飯店一樓的 CAFÉ 喝杯咖啡，也不想再去尚．喬治餐廳吃那讓人失望的法國大餐。

這是我最真實的感受。

也許去過的你，一點也不認同我的感受，那也沒關係。

發現小奢華

尚．喬治
Jean Georges Shanghai 餐廳
地址：上海市黃浦區中山東一路 3 號
電話：021-6321-7733

China

時尚公寓式酒店的奢華

崛起的中國，陸續有許多家與國際接軌的酒店出現；對我來說，最好的設計不是照抄西方的美學，而是融入當地的特色。

這家位居上海目前最高樓，以時尚公寓為設計風格的飯店，由國際名設計師季裕棠 (Tony Chi) 設計。

他適度地把代表中國人幽默的笑臉玩偶安排在飯店的各個角落，從迎賓牆面到接待廳的唐裝人偶，處處隱密也處處驚喜，深受時尚藝文人士喜歡。飯店裡的水境泳池，更是讓人感受有如中東土耳其的情趣。

這間讓人有探索樂趣的飯店，最可愛之處不在房間，而在大宴會廳或酒吧。

最高樓層的酒吧，天花板上垂掛的現代藝術，值得你抬頭欣賞；小小的會議廳設有開放式的廚房，讓想要主廚當場烹飪的小型會議多了樂趣，讓人賓主盡歡。

我在這裡住了兩晚，事先並未告知飯店生日的訊息；生日前一天下午四點多，當我從外頭用餐回飯店休息時，卻突然聽到門鈴聲響，一個美麗的生日蛋糕送進來，讓我感動到差點落淚。

想必是填寫住客資料時，飯店早就知道我哪天生日，當下吩咐點心房幫我做個蛋糕。讓我佩服的，還是這飯店的服務做得如此貼心。

發現小奢華

上海浦東柏悅酒店
地址：上海市浦東新區世紀大道 100 號
電話：021-6888-1234

飯店工作人員還帶我們參觀總統套房，一打開門，幾可亂真的草皮與寵物，讓人溫暖。工作人員說，這設計是想讓客人有回家的感覺，好像那些寵物早在家等門。有趣的住宿經驗，真的得要花上兩三天的時間體會，這些回憶是一輩子也享受不完的奢華體驗。

眺望黃浦江與外灘的清晨，看到西式餐檯上滿滿的麵包是種幸福，還有蔬果起司為主的沙拉、加了新鮮莓果與榛果的燕麥粥，甚至喜歡吃中式粥品的人還有豆漿、麵食等選擇，對愛喝咖啡、吃點麵包沙拉當早餐的我，這樣的光景已經是最幸福的一件事。

如果你想要體驗另一種感覺，不妨挑在另一邊的茶館。只是餐點的選擇偏

向套餐為主，我選了西式的茴香燻鮭魚早餐，而同行的可愛造型師丹尼爾則選了上海式早餐。

我以為上海式早餐會有什麼特殊之處，結果是皮蛋、醬菜、鹹粥跟炒麵，不過友人說鹹雞肉粥很香、很好吃，當我問他加了炒蛋的炒麵呢？他卻笑而不答。

這樣的頂級飯店，真的是一生都要有過跟它相遇的經驗，而且至少要住上兩晚，才能體會兩種不同類型的早餐。

因為，對旅人來說，飯店的早餐，往往決定一天的玩樂心情。

China

順德美食的華麗挑戰

用挑戰來說中國的美食體驗，
絕對不是誇大之詞；
永遠不知道在轉角的餐廳，
會吃到什麼驚人的食材。
但，這也正是味蕾的華麗挑戰。

在中國品嘗美食，往往要帶一百顆膽子。

有活魚在面前被活活打死，一直被灌下肚的白酒；還有吃奇珍異物的經驗等，都讓人瞠目結舌。

我第一次吃蟑螂的經驗，就在順德這個專出名廚的小地方。

這種水裡游的蟑螂，當地人叫做龍虱，是用薑、醬油跟陳皮等調味，口感沒有想像中可怕。第一口吸進嘴裡，帶有陳皮味的醬油香入舌，只要不想牠是蟑螂就好。當地人還告訴我說：「這些龍虱在活水中游很久，腸子都已經很乾淨了。別怕！別怕！」

同桌其他搭配的菜色就很棒，白灼羊腩表皮的膠質口感很Q彈，羊肉入口即化，讓大家嘖嘖稱奇，頻頻誇讚火候掌控得宜。對愛吃海鮮的人來說，這家海鮮專門最厲害的是各類魚生（生魚片），有龍蝦、三文魚、海鱸魚，以及當地現撈的新鮮魚獲，開放式廚房還有師傅表演現切魚生。

切法有點像細片河豚肉，標準是切到晶透薄脆。我們還點了帶子，粒粒煎到薄嫩彈口的帶子，放回外殼上桌，總覺得這家知名的海鮮店跟台灣的海產店很像，只是他們的各類海鮮都是用大桶裝起，用水管導入活水，讓人看到目不轉睛，一旁有專人幫忙點單。

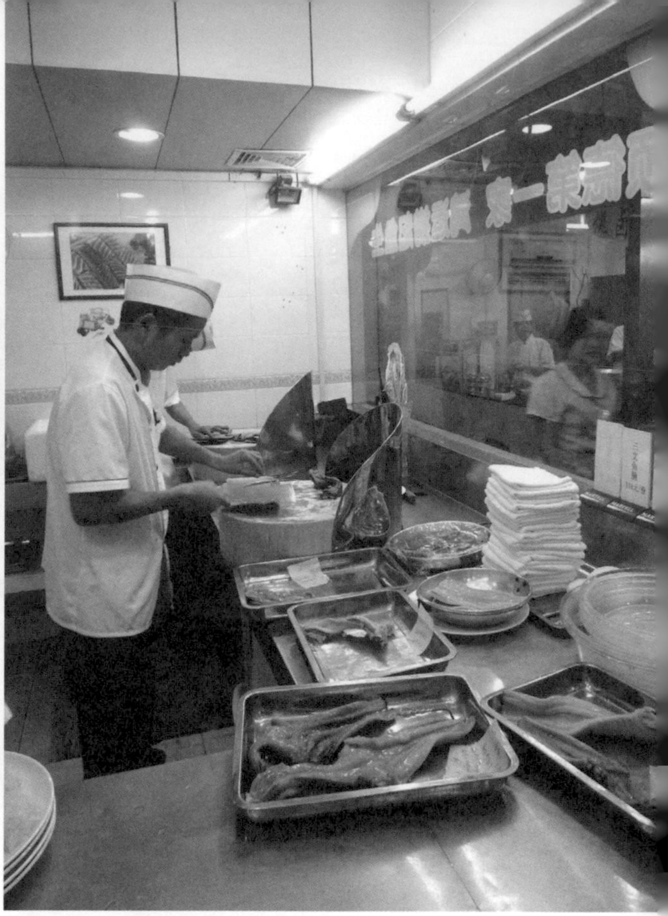

從象拔蚌、龍蝦、帶子、鳳螺、海鱸魚，一直到龍虱這種當地人才會吃的特色食材。

另外一間在地小店，據説是高層領導人前御廚出來開的。最厲害「路邊雞」是老闆娘的家傳手藝，口感肉質Q彈。

如果拿台灣的白斬雞相比，白斬雞軟嫩許多，但以當地喜好口感來説，這樣扎實且有咬勁的雞肉是他們喜歡的，簡單的肉香，越吃越有味。

這家御廚餐廳，有道用牛橫膈膜肉煮的菜，也很經典。乍看之下，會以為是豬松阪肉，咀嚼下的筋性才發現不是，老闆用薑絲、老酒來處理這帶有牛脂香氣的肉，是老饕心中必點的「蒸牛雙炫」。

還有一道吃起來酥脆帶肉香的野雞捲，很像反過來的龍鳳腿，用豬網油把雞肉捲起，很像早期台灣的辦桌菜，讓人感受料理手法之相似度，兩岸皆如此。

如果下次，到廣東等南方餐廳用餐，用桌上的茶水洗碗筷乃屬自然，一上桌就看到大家在那邊倒倒洗洗，這是別具地方特色的餐桌習慣。

發現小奢華

南記海鮮飯店
地址：廣東佛山順德區廣源路 6 號
電話：0757-2263-2896、2262-9027

生記飯店
地址：廣東佛山順德區大良鎮鳳翔工業區展翔路 3 號
電話：131-6996-9982

China

36

探訪廣州隱味

廣州人愛吃，也懂吃；美味的料理不僅出現在知名的餐廳，也隱身在巷弄，讓老饕聞香下馬，細細尋找。

透過美食，很容易交到好朋友。

二〇一一年的這趟廣州行，是第二次造訪，完全的自由行，幸運的我，因此交了幾個在廣州的老饕朋友。

其中有幾個是旅居廣州工作的台灣人，透過他們牽線，讓我在廣州的那幾天，嘗遍許多人氣美食，甚至還有隱藏版的咖啡。

在廣州朋友帶領下，我到了大佛古寺旁的銀記腸粉，品嘗連香港美食家蔡瀾都推薦的腸粉；廣州朋友說，這家小店她從小吃到大，不過她覺得腸粉的口感已經有點變了，沒有以前薄嫩爽口。其實跟台灣的腸粉相比，這家超人氣的腸粉，已經是前所未有的軟嫩。

粥品是廣式的老火粥，我點了皮蛋豬肝粥，豬肝也是裹粉汆燙，才會如斯滑嫩，這是一般廣東師傅最愛使用的烹調手法。

下午吃了腸粉，晚上則跑去年輕人超愛的「天河新區」，排隊等吃茶餐廳。這家店裝潢很特別的茶餐廳，有著現代普普風與明星公仔收集的混搭潮感，裡頭年輕人也很多。

從燒鴨飯、滷牛雜到鐵板肉絲等菜，呈現百分百的港式味道，絲襪奶茶也很到味，滑口香醇，難怪一堆人在排隊。帶路的廣州朋友，還很擔心會不會不合我胃口。我說，其實這家店裝潢是很有電影「阿飛正傳」與現代普普混搭的風格，菜也很到味，才會有這麼多老饕要來吃，不過台北有這樣水準的茶餐廳也很多。

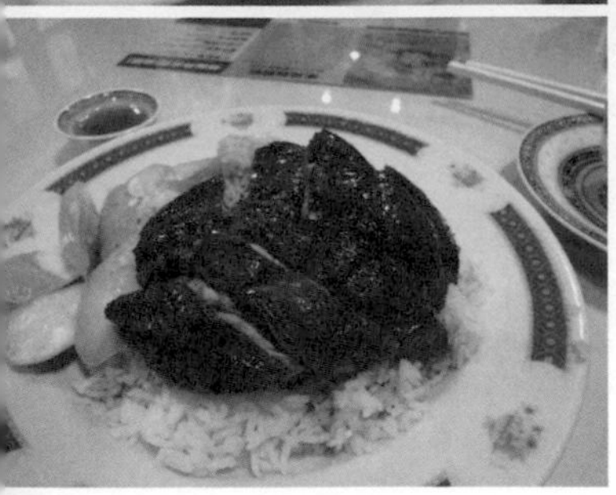

發現小奢華

銀記腸粉
地址：廣州市惠福東路 519 號
電話：020-8317-7149

吳係茶餐廳（開到凌晨 3 點）
地址：廣州市天河區天河東路 75 號 B1（近太古匯）
電話：020-8757-0069

老班長小籠湯包
地址：廣州市越秀區農林下路 81 號
電話：020-8765-5493

領鮮咖啡（地鐵体育西路站 E 出口）
地址：廣州市体育西路天文苑 B2 棟 2504
電話：020-3873-4182

她聽完一直說她很想來台灣玩，但排簽證都要排很久。我想，她如果來台灣玩，光是吃吃喝喝就讓她樂著的，更別說還要買東西。

除了吃道地廣式腸粉跟茶餐廳，某天中午，我還去試了廣州東山區附近的人氣小籠包，這是由旅居廣州的台灣朋友帶路。他說，這家隱身在大樓裡的小籠包，生意超好又便宜，是他經常到訪的人氣店家。

因為天氣熱，我們隨意點了涼拌雞絲、醬牛肉跟涼拌海蜇皮，配豆漿跟一籠小籠包。這家小籠包很有趣，有「濃香豬肉灌湯包」跟「清香豬肉灌湯包」兩種，據說兩種用的油不同，我們點了濃香，麻油香氣特別重，讓肉味不是那麼明顯。

小籠包的外型沒有台灣精緻，他們的小籠包比較塌扁，湯汁不多，但口味還不錯，不用沾醬油，光搭著薑絲就很好吃。

吃完這家人氣小籠包，循著咖啡香，到天河區附近的某大廈，找到這家隱藏版的咖啡館。年輕老闆強調自己烘豆子賣，當然想馬上嚐鮮的人，就坐下來喝一杯現煮咖啡。

在廣州的現代大樓裡喝咖啡，看著他們日新月異的蛻變，跟我們喜歡坐在老房子裡面喝咖啡的感受不同。以前在台中也曾流行過這樣的咖啡店，躲在公寓裡，你要熟門熟路，才能找到這家不為人知的咖啡店。

為美食探路，雖然要多花一點時間；但是這樣的時光，卻是幸福難忘。

China

37

好靚的旺角市場

到香港旅遊，我最愛的，是逛旺角的傳統市場；我還是喜歡逛擺在路邊的傳統市場，欣賞每種食材的美。

二○一○年聖誕節前夕，我特地到香港感受聖誕氣氛；這趟旅行，最讓我印象深刻的，竟然是我住旺角小酒店旁的「街市」。

連住過香港的DJ好友宇倫，看到我拍的鵪鶉蛋盒，都興奮地拍手叫好，頻頻說：「我喜歡這個！好美喔！」連菜都擺得那麼美麗好看、有色彩層次，正是我對旺角街市的印象。

這條充滿各式蔬菜、肉品，偶或有小攤掛著花膠、靚排翅、南安鴨、金銀潤（豬肝）、臘肉臘腸、鹹蛋黃等，走到岔路口，轉個彎看到店家門口擺放著各式海鮮。超大隻的象拔蚌、各類魚鮮、大竹蟶、血蛤，以及當季老饕熱愛的大閘蟹，和海鮮店家同條巷子，還有幾家是紅辣椒或老薑擺得很壯觀的小攤。

就跟在台灣一樣，熱愛美食的人，總是喜歡傳統市場的喧鬧與新奇。

喧鬧的是，喊價聲此起彼落，連同婆媽的殺價與詢問聲不斷於耳；新奇的是，在台灣的傳統市場觀察到當季才有的食材，而國外的傳統市場，則是會發現某些從未看過的當地食材，如整枝新界來的枸杞樹枝，及超大的塌姑菜。

還有廣東師傅才會用的根莖植物——慈菇，口感鬆軟如馬鈴薯，又有點脆如荸薺，往往拿來做紅燒虎蹄當年菜，燉煮到軟嫩帶膠質的小豬蹄，配上鬆軟爽口的慈菇。

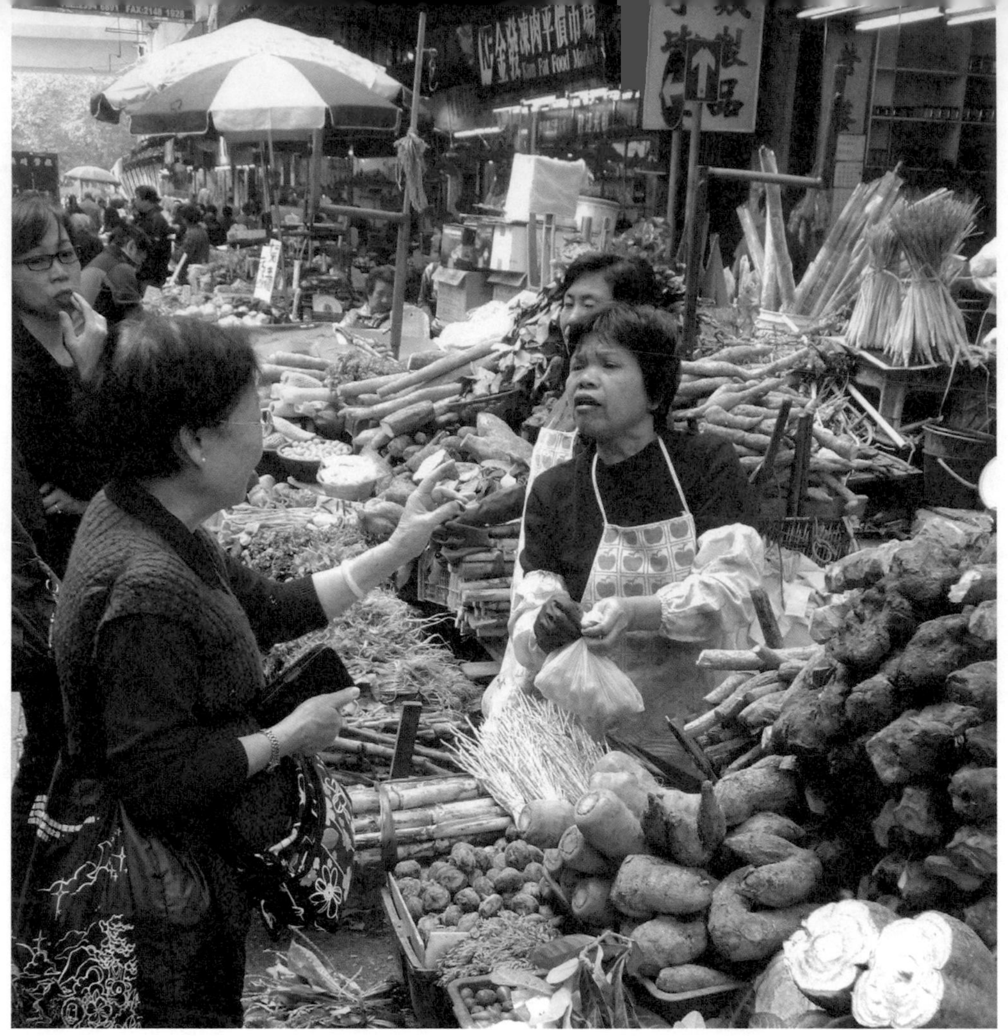

在台灣，這樣的食材不多見，所以這道菜也不多見，有幸吃到，也算是長了見聞。真該來好好感謝已經定居台灣多年的廣東師傅范添美。

如果你懂廣東菜，從這街市所賣的食材，即可略知一二這些食材的運用。

市場上有人曬陳皮，意味著陳皮是廣東師傅會運用在醬汁或煨進食材的調味聖品；鵪鶉蛋用盒裝著賣，表示不能一顆顆賣，要就買整盒回家吃，往往在請客前來帶一盒回家，拿來做五香滷或燉湯都很益智健腦。

香港友人常說，要學會廣東煲湯，你可以走一趟市場，就能把煲湯的材料通通買回家。

據我觀察，似乎在街市所賣的食材，菜葉類似乎是少了些，根莖類多了點，還有專門提供煲湯所用的根莖類小

發現小奢華

旺角街市 Mong Kok Market
原名旺角嘴街市，是香港一個歷史悠久的街市，位置在九龍旺角西部，屬於油尖旺區。旺角街市是一處露天的傳統市場，售賣肉類、蔬果、海鮮跟日用品。
地址：香港廣東道 1047 號

攤，老闆娘會告訴你怎麼煲。只發現她那邊有好多種蘿蔔、山藥跟荸薺等，說真的，沒學過還真不知怎麼搭。

反正，逛香港的傳統市場，眼前的樂趣多過於買食材回家烹飪。

特別是，當我看到連皮蛋也都被劃上美麗如斑馬紋路的線；尖尖的紅辣椒被網袋整包地擺著，鵪鶉蛋如天然畫作般整盒擺放。

也許香港人的賣菜習慣就是如此，他們喜歡如此美好地擺放跟有秩序地堆疊食材，讓逛著買著的人也能間接感受到他們對食材的尊重與安排的美感。

China

夜深了，吃一碗好粥粉

在氣溫逐漸往下的深夜，窩在街邊或店裡，用湯匙舀上暖暖的粥，讓人從心底愛上這滋味。

38

去香港玩的經驗都是以美食為主，精力旺盛的人會往中環蘭桂坊的吧喝上一整夜。

特別是聖誕夜，在蘭桂坊的某酒吧，我看到兩位外國人一起點燃酒精，在火焰燒光前，誰把高腳杯堆疊起來的酒先喝光才算贏。這種喝法對酒國英雄來說，也許都見過，但對我這酒國鄉巴佬來說，都是初會面。

很俗辣的我，喝到差不多時，搭上的士過跨港隧道回旺角的飯店，回飯店附近才發現，原來這附近吃宵夜的人很多，頓時覺得肚子餓了，也應該來吃上一頓。

跟朋友跑到飯店附近的鴻發飯店吃吃炸蠔餅、滷水鵝片等人氣菜餚。別以為三更半夜就沒人，其實這時候夜色正美人正多，一桌桌客人吃著炸蠔餅跟蠔仔粥，桌上都有一盤超大的滷水鵝片。

要問我哪家滷水鵝片讓我最思念？我可以豪氣地告訴你，就是這家旺角的鴻發飯店，他的老滷鵝片真是香；正因是老滷汁泡的鵝片，吃起來軟嫩入口，香氣在咀嚼中越發迷人與豐富，絕非單一的死鹹，有無法言喻的滷汁香。

蠔仔餅，正是台灣的炸蚵仔餅，超大的餅中除了麵粉、蛋外，還有一堆蚵仔，如果人不多，就千萬別點，這道料

理份量滿大的。其他客人喜歡的九轉肥腸，手法沒有台灣厲害，夠酥脆但卻少了醃料香氣。

昨天的宵夜，正是女人街的「通記」粥粉麵，朋友點的雲吞撈麵吃起來很鹹，我點的紫菜四寶麵，有店家自製的魚丸、墨魚丸、豬肉丸跟魚皮餃，湯頭就是港式茶餐廳常喝到的湯頭香氣，雖然我知道裡頭一定有摻雞粉之類。

最迷人的，當然也是店家自製的丸類，難怪店家要在牆上特別聲明。小菜部分，我超推薦店家手工的滷肉跟鳳爪雙拼，滷肉香氣好到讓人萬分思念，果真是獨門滷汁，而且是用豬頸肉滷出，吃來軟嫩中有彈性，鳳爪就不用說，香氣滷汁透到筋裡，一咬就馬上化開。

回到初抵香港的晚餐，我們去試了連鎖港點小店「喜運」，從雞仔包、腸粉到潮州蒸粉果都很美味，還有北菇滑雞飯也很不錯，看似小店卻有大餐廳的水準，當然價位也很親民。

景氣不佳的當下，大家都愛這種小店。菜單上有些特別的點心，建議到香港的你絕對要試試。

發現小奢華

鴻發飯店
地址：香港旺角砵蘭街 170 號
電話：2771-7107

通記麵食專家
地址：香港旺角通菜街 89 號
電話：2390 0121

喜運
地址：香港油麻地砵蘭街 65 號
電話：2770- 8328

我嚐鮮地點了黃沙豬潤腸，這道點心就是把裹粉的豬肝用腸粉包起來蒸；另外的雞仔包是用雞肉泥，連同香菇、蛋黃一起當餡包起來，看似叉燒包的外表，內餡鮮美可口。

好多人都愛吃煲仔飯，淋上店家特製的蠔油醬汁，任何一種煲仔飯都美味。我們點了知名的北菇滑雞飯，不光雞肉好吃帶香菇氣息，淋上醬汁的飯更加美味。

香港，不僅是夜景迷人，其中的美食更是誘人。

Taiwan

巧克力禪風之旅

當你吃到那巧克力或是感受心靈禪意之餘，你會發現旅行的記憶竟然是山谷裡的滿天浪漫星斗。

39

初回到太魯閣晶英酒店（前天祥行館）度假，在回程路上，當車子行經沿途的峭壁峻嶺，那陡峭的氣勢懾人，我才發現走遍千山萬水，原來最動容的山水竟在台灣東部，難怪外國朋友都很喜歡這裡。

我深深以身為台灣人而驕傲，好久沒有這樣因為大自然氣勢而感動，雖然小時候就有過東西橫貫公路之旅。

小時，家人經常在國內旅行，從台中玩到花蓮，往往都會走東西橫貫公路；長大後，我的旅行幾乎都在國外，咸少在國內走動，等從法國唸書回來，我更是把心禁錮起來，不再像在法國一樣，跳上一班火車就到各個角落或是其他歐陸國家，去度過我的暑假或周末。

但友人總是建議，在台灣也能有趟小旅行，跳上某一班火車前往花蓮即可。到花蓮車站後，太魯閣晶英酒店的車就在外頭；把我載往深山裡，我的童年記憶也往回走。

經過長春祠、燕子口、九曲洞等風景時，我的眼睛竟然紅了，小時候記憶的地方歷歷在目，身旁的人事物卻已不再，也不知該跟誰分享這種感覺，好像把時光的音樂盒打開，聽一段回憶後，只能默默蓋上盒蓋。

當天祥山谷開展在眼前，世俗煩惱也被遠遠地擱在花蓮車站。只能說，這裡的山水鍾靈毓秀，過了橋對面還是佛光普照，非常適合放鬆心情。

走入大廳，一點都感受不到嘈雜（雖然旁邊人來人往地入住離開）。房間更是如此，面對溪水，泡壺茶、弄盤小點心，坐在戶外陽台享受下午茶。

頭一回到訪，我跟飯店的人說想做巧克力。甜點主廚立刻準備製作巧克力糖的材料，如用焦糖裹上榛果，放涼後，再裹上巧克力的榛果巧克力；或用糖漬柑橘丁，再裹上巧克力的柑橘條巧克力等，體會了一場聞、製作跟品嚐的巧克力課程。

第二趟再來時，我體會不同的天祥太魯閣：在山谷游泳的放鬆感，跟大自然融合為一；過橋到祥德寺，爬上高塔俯瞰整個天祥山谷，才發現這裡的地勢壯闊，轉身朝拜高大的金身釋迦摩尼佛，感念這一方關照天地的慈悲，原來真的要有好山好水，才會有好風水，特別是夜晚來臨時，那滿天屬於夜晚的星斗。

天色漸暗，人也開始聚集在交誼廳

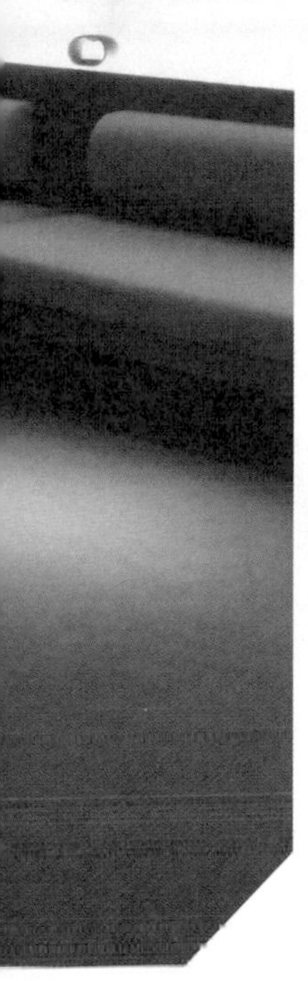

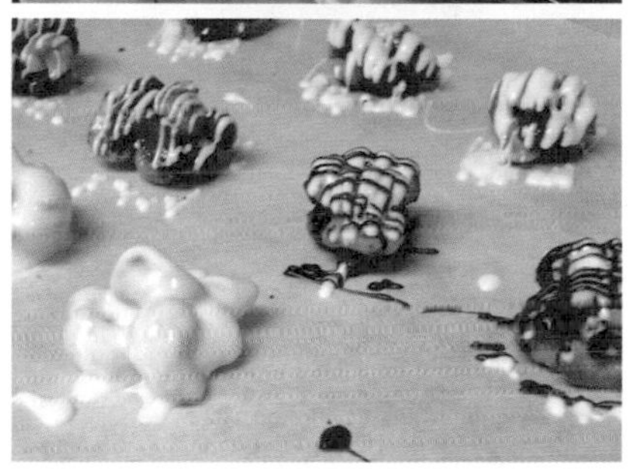

外泳池畔的沙發，飯店人員也點上火堆，讓想要聊天的客人在此享受夜景。

我也找了個座位坐下，仰望星空，說不出來那個星座在哪個方向，心靈卻可隨這眼光的專注而放鬆，心也跟著靜了下來，旁人聊天的聲音似乎也漸漸如星辰一閃一閃的悄然無聲。

晚上在山上的活動，當然不只如此，有美味的牛排饗宴跟事先安排好的原住民歌舞。

看到所有飯店的人與住客同樂，山上的歡樂記憶讓我這次的行程更加圓滿。也讓我知道，下次想去的時候，就解開自己內心的牢籠，跳上某一班往花蓮的火車。

走吧，為了品嚐美味的巧克力，也是為了讓心靈能量更加飽滿。

發現小奢華

太魯閣晶英酒店
地址：花蓮縣秀林鄉天祥路 18 號
電話：03-869-1155

Taiwan

40

走入哈利波特世界的甜點店

從古蹟化身甜點店，宮原眼科的古典建築，讓人像是走入哈利波特的場景之中，不禁想回頭看看，有沒有哪個魔法師躲在身後。

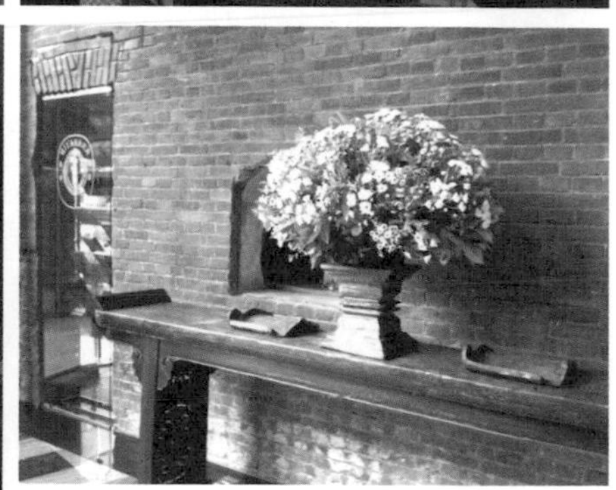

據説，台中人現在都流行看眼科。

在台中做文創事業的朋友説，這家宮原眼科可說是對台中的文創跟餐飲業者投下強烈的震撼彈。

不管周末假日，一樓拱廊的冰淇淋櫃前，總是排著長長人龍。網路上更是流傳著這美味冰淇淋的風味，有朋友説，來這裡一定要嘗嘗巨峰葡萄或荔枝口味的冰淇淋。

這棟叫做宮原眼科的紅磚建築，建於一九二七年，透過台中知名烘焙業者「日出」的進駐與設計而改頭換面。

走在一樓的拱型迴廊，有如來到義大利佛羅倫斯的街頭。一堆人排隊買冰淇淋，騎樓下許多人坐著低頭吃冰淇淋，業者很聰明，讓饕客眼前的冰淇淋，搭配日出生產的各式餅乾甜點。

吃法是種嶄新嘗試，在台灣各式水果風味冰淇淋上加了起司蛋糕、焦糖鬆餅或杏仁酥、鳳梨酥、軟糖等，深得喜歡創意甜食的年輕人的心，讓好多愛吃冰的人排再久也甘願。

跟著喜歡拍照的遊客，一起走進一樓的巧克力專櫃，會感覺自己好像準備到霍斯華茲學校上課。忍不住把眼睛往上看，瞪著聳入屋頂的書架，那金碧輝煌的感覺有種經典中的優雅氣氛。

不愛排隊的我，看到二樓有更優雅的地方，馬上往上衝。果然，二樓的裝潢也是貴氣逼人，連洗手間的設備與美麗也是直逼五星級飯店。

我拉著朋友坐下，原以為可以吃到頂級大餐，經過服務人員的介紹，才知道二樓的醉月樓，走的是茶水沙龍路線，混雜著中西式點心的特色，讓芋粿巧、炸花枝丸等台灣小點心搭上西洋紅茶。

我點了壺茶，搭配炸花枝丸、炸芋粿跟炸香焦三拼的下午茶套餐。雖説價格不斐，店家可説是從食材、茶品到沾醬等都非常講究，像花枝丸就很鮮、芋粿有芋頭香氣，連辣醬都可吃出辣椒香。

我還點了有各式水果、與蜜漬番茄丁與起司蛋糕等搭配的西式茶點，繽紛色彩異常迷人。

下午茶端上桌的瞬間，鼻息裡聞到奶油餅香，嘴裡吃到果香冰淇淋跟起司蛋糕的濃郁香氣，對熱愛甜點的人來説，可説是超級幸福。

連使用的白鐵茶壺本身的雕飾都相當考究，從桌墊、杯墊到洗手間的洗手乳、護手霜，除了品牌統一識別外，形同貴氣的體貼服務，讓人覺得花這趟錢也很值得，而且想把這美好拍下。

發現小奢華

宮原眼科（二樓醉月樓）
地址：台中市中山路 20 號
電話：04-2227-1927

Taiwan

那些年，我們一起吃的肉圓

每個人心中都有一個沈佳宜，每個人心中也都一定有一家專屬口味的肉圓店；那是和父母、好友，或第一個暗戀的人造訪之味，也是記憶的美好。

現在的彰化今非昔比，先是熱賣的《那些年，我們一起追的女孩》電影在此拍攝，後來出了國際爆紅的籃球明星林書豪，讓原來相當平靜的彰化，突然湧入大批觀光人潮。

大家搶著來品嚐電影出現的肉圓滋味，的確，以油泡方式的彰化肉圓，皮薄Q彈，內餡肉香還帶點筍丁的獨特美味，真是別的縣市無法比擬。

帶我們來吃的在地好友，也是活動節目主持人的宇倫說，以前住在彰化時，他就知道這家肉圓店，非常嚴格品管肉圓皮。如果發現蒸好的皮有破洞，就要用粉漿去補，補好後才能把完美的肉圓放入油中去泡。

剪開油泡好的肉圓皮，帶有五香氣味的肉、筍丁一起冒出，淋上白色米醬、紅的特製辣膏香氣十足，真是讓人懷念。

其實這家肉圓店離彰化火車站不遠，吃完肉圓還可以走到光復路，去某家烘焙店排隊買紅豆餅。

這家紅豆餅上過許多媒體，也是彰化在地人從小吃到大的熱門餅店。早上這家人氣紅豆餅店似乎被當地人當成咖啡店，只見店家貼心地把桌椅搬到騎樓

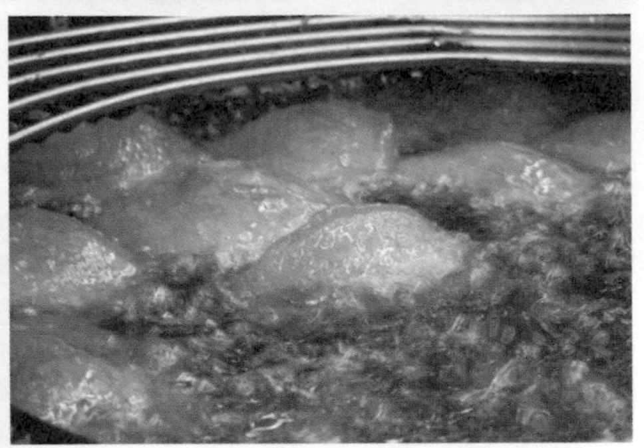

下，讓客人邊喝咖啡邊吃蛋糕或麵包。

而下午茶時光，店家就開始賣起人氣紅豆餅，口味有紅豆、奶油、芋頭、巧克力以及超特別的菜脯麻糬。

喜歡嚐鮮的人，不妨每種口味都買一個。紅豆餅吃起來香軟綿密，有如吃著銅鑼燒，讓人濃郁幸福。而巧克力的香氣，在咬第一口的瞬間，就已經讓你把心打開，歡喜不已。

最厲害的還是那菜脯麻糬，餅皮一咬下去，吃到彈Q的麻糬跟獨特的胡椒鹹味，完全顛覆大家對吃甜點心的期待；鹹香滋味的豐富度卻不輸給其他甜的紅豆餅，應該說是店家在炒料時有用心，才能讓菜脯口味讓人驚艷。

另外，路的對面沒明顯招牌的烤玉米，剛好位在烘焙坊的斜對角，是我們晚上最奢華的宵夜。

發現小奢華

阿璋肉圓
地址：彰化市陳稜路 203 號
電話：04-722-9517
離彰化火車站不遠，也可宅配

喜洋洋烘焙坊
地址：彰化市光復路 117 號
電話：04-7253-224

糯米玉米
定光佛廟旁的小攤
下午 4 點起賣到晚上 10 點

如果你要找到這小小烤玉米攤，那就問一下當地人說：「定光佛廟在哪？」，因為小攤子剛好在廟旁的騎樓底下。只寫著「糯米玉米」的招牌，賣的是用石頭燜熟的糯米玉米，吃起來有種糯米 QQ 的口感，就算是老闆塗了自製醬料，依舊掩蓋不了玉米的香氣，是好吃又便宜的小點心。

老闆靦腆地說，他們在這邊賣好久了，在烤玉米前，他們總是會貼心地問客人想吃軟一點，還是硬一點的玉米？

他說，烤玉米刷醬之前有個小撇步，就是要先用插玉米的竹籤，在玉米表面上刮一刮，好讓玉米粒在烤的時候更容易吃進醬汁。

就是這個好方法，讓我們在這小攤驚喜地吃到傳統的烤玉米風味。

Taiwan

小旅行咖啡地圖

人手一杯咖啡，曾幾何時已成了日常風景；風貌各異的咖啡店，更成為許多人假日追逐收集的空間勳章。

我愛咖啡館，除了咖啡好喝，往往都是因為氣氛與空間設計，有時甚至是隱密性。

像我這種熱愛書香的爬格子動物，往往視力不好（眼睛畏光，容易流眼油等的初老症狀），所以特愛躲在巷弄間或隱身大樓內的咖啡館。好玩的是，這幾家我常去寫作的咖啡館，幾乎都擁有這樣的特質，安靜且有氛圍。

42

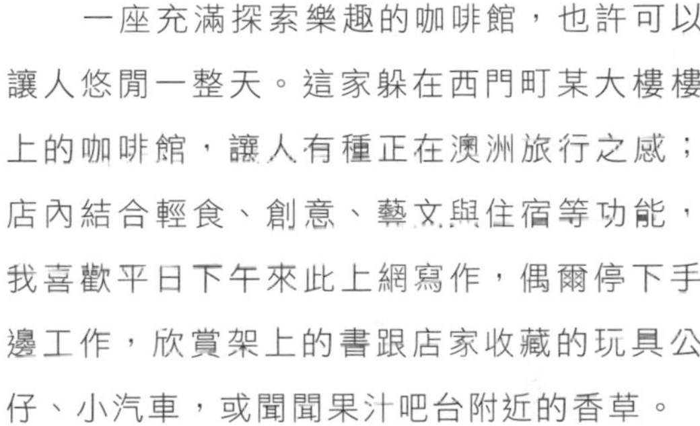

一座充滿探索樂趣的咖啡館，也許可以讓人悠閒一整天。這家躲在西門町某大樓樓上的咖啡館，讓人有種正在澳洲旅行之感；店內結合輕食、創意、藝文與住宿等功能，我喜歡平日下午來此上網寫作，偶爾停下手邊工作，欣賞架上的書跟店家收藏的玩具公仔、小汽車，或聞聞果汁吧台附近的香草。

如果想要享受美味輕食，香辣爽口的「泰式雞肉沙拉」或充滿英國國民精神的炸魚薯條都值得嘗嘗。吃完美味的餐點，可以走到住宿登記櫃檯前，感受中井透光玻璃的明亮感；有了光線，店內的植物與藍色吊燈搭配木桌鐵椅，真的有種出國旅行的感受，讓人就算坐在電腦前工作也會很輕鬆。

每次去香港旅遊，我都會到海港城裡的 agnès b café 吃甜點喝咖啡；回到台北我也會在午后時光，溜進大安路巷弄內的這家獨棟的 agnès b café。

我喜歡這裡一張張法國人偏愛的大理石圓桌，用圓鉚釘緊扣的絨麻格子布椅墊的椅子，透過黑色如鑄鐵的欄杆，充分表現Madame Agnès的獨特性格。

從法國到台北，Agnès b. 的設計風格襲捲了年輕人的心，連咖啡館的形式也講究有點個性與小奢華。

甜點櫃裡，我獨愛吃起來有酒香與奶油巧克力甜味的丹尼爾奶油甜酒巧克力蛋糕 (Danielle)，特別是焦糖脆皮的口感，有法國經典甜點希布斯特 (ciboust) 的影子，搭杯香濃咖啡或卡薩布蘭加茶都很對味。

在我的咖啡地圖裡，我特別偏愛有一整面書牆的咖啡館。

大安捷運站附近巷弄內，有家名叫「窩著」的咖啡館，一整面書牆讓人看了好幸福，老闆因為曾在誠品書店上班，自然也會讓咖啡館裡充滿書香。老闆親自製作的手工甜點，絕對不能錯過的，如當季限定的草莓起司蛋糕或紐約經典起司蛋糕都很好吃。

發現小奢華

 **Amba café**
地址：台北市武昌街二段 77 號 5 樓
電話：02-2375-5111

 **Agnes b. 巧克力咖啡館**
地址：台北市大安路一段 106 巷 2 號
電話：02-8773 5273
（皆提供無線上網）

發現小奢華

窩著咖啡
地址：台北市信義路四段 30 巷 20 號
電話：02-2702-7635

NICHI NICHI 日子咖啡
地址：台北市中山區赤峰街 17 巷 8 號
電話：02-2559-6669
（皆提供無線上網）

如果剛好錯過草莓季，就試試超濃郁的紐約經典起司，鬆軟的起司蛋糕帶有藍姆葡萄的香氣，搭杯清涼的冰咖啡，有種到紐約旅行的感覺。

老闆不時會到日本取經，所以這裡的客人都會用到他們從日本帶回來的茶壺跟珐瑯杯。隨著這書香與用心的餐點，一起窩一個慵懶的下午！

寫書過程裡，我常會在臉書上詢問好友，哪裡有安靜的角落適合躲著寫書，結果大家都相當推薦在中山捷運站附近的日子咖啡 (nichi nichi)。

這家躲在赤峰街巷弄內的小小咖啡館，安靜到連拍照聲似乎都會吵到旁邊看書的人，連音樂也搭配得剛好不吵鬧，不需要冰咖啡也能馬上讓燥熱的情緒冷靜。也許，日子真的似乎該是這樣，要安靜不吵，才有源源不絕的生命靈感。

店內的舒服氛圍，讓一杯好咖啡也為之遜色；如果你也熱愛尋著咖啡地圖找悠閒調調，不妨來這翻本書過一下午，或跟朋友一起翻雜誌，喝杯咖啡打發時間。你會發現，在大都會裡當條懶散發呆的狗，其實也很幸福！

Taiwan

葡萄麵包也愛巴黎

43

旅法的歲月一直影響我至深，回到台灣多年，仍然不自覺地找尋法國的味道，因此，在台北能有這麼一家店，能讓我回味那些時光。

發現小奢華

葡萄麵包（周日店休）
地址：台北市松山區光復北路
11 巷 97 號 1 樓
電話：02-2748-0696

這家麵包店，老闆跟老闆娘都比我還哈法。他們拚命學習法國麵包的道地作法，甚至在到巴黎取經時，硬是帶回一個大的編織麵包藤籃，讓台法兩邊的海關人員一時傻眼，得知他們是法國麵包店的經營者，才讓他們順利通行。

這樣的執著，讓他們在店裡多了點法國味。據我在法國的生活經驗，連法國人都覺得，麵包師傅這一行是最操的行業。

他們每天很早起床，凌晨三點多就要開始揉麵糰；而且工時很長，往往要忙到中午，才能休息一下，下午可能還要再烤一次麵糰。這樣的忙碌程度，得要有相當的熱忱跟興趣才行。

看到他們店裡一個個飽滿、不講究花俏且香氣豐富的麵包，咀嚼的那一剎那，散發出濃濃的小麥香。美味是最直接的感受，往往在細細咀嚼麵包之後，嘴巴會告訴你的心，甚至全身細胞，那滋味有多幸福。

用什麼樣等級的麵粉，水跟海鹽的比例，還有製作的手法、烤的溫度等，每個關鍵跟環節關係著烤出來的麵包，是麵包師傅每天辛苦專注下的產物，絲毫馬虎不得。

這對夫妻開店的宗旨是：「只要客人喜歡，我們就很開心。」每天笑著的兩人，對客人的自然親切態度有目共睹。

去年年底法國麵包最高職人 M.O.F Lalos 先生來台，夫妻倆還特地抱著之前所買的《Lalos 麵包聖經》，跑去找本人簽名。當 Lalos 寫下鼓勵他們的話時，他們兩個簡直興奮地有如中樂透彩，還頻頻告訴我 Lalos 是怎麼樣厲害跟親切的人。

這家店的色系是白色中帶著蘋果綠，清新的有如春天的氣息，夫妻倆也像春風一樣，喜歡跟客人交朋友，每個客人來買麵包時也都會跟他們多聊上兩句。

我最愛店內的那款布列塔尼焦糖奶油麵包 (Gui-amann)，上面的那層薄脆

焦糖搭著丹麥麵包的層層奶香，吃起來鬆軟帶著酥脆，讓我想起在布列塔尼的記憶。

店內還有人氣的拖鞋麵包、磨菇麵包、法式可頌、葡萄吐司麵包，以及隨著法國節慶同步推出的國王餅 (Galette des Rois) 等，每款麵包或法式糕餅，就連馬德蓮、可麗露或費南雪等法式小點心，都不敢怠慢地製作。

我也會隔些日子就去買買麵包，順便檢視一下，是否有因物料調漲而偷工減料。就像我的生活態度，住在台北卻依舊過著巴黎生活；即使只是餐桌上的小配角，我一樣會找堅持品質近似法國人的麵包店購買。

葡萄麵包的巴黎行，造訪許多巴黎知名的麵包鋪與糕餅店，獲得許多創作的靈感。

未來的日子，坐在這家小店的戶外，應該越來越有所謂的法國味吧。

Taiwan

美麗好食光

公司、家裡，兩點一線的生活是不是少了點什麼？旅行不一定要出國，也不一定要計畫；就從轉一個不同的巷子開始，美好的邂逅正在等著。

每次到中山捷運站，總會發現這裡的人穿衣服特別有人文味，而且是屬於那種日式文創風格的感覺。

一襲呢絨格紋的裙子或背心，搭上白色襯衫，米白色帽子，路過這巷弄小店旁邊的人，每個似乎都經心打扮；也許是這裡的氛圍有東京自由之丘的味道，所以漸漸形成一種屬於東京街頭的時尚味。

拿本書，找個舒服的日子，在捷運地下街上的公園坐下喝點東西，也會有一種美麗的心情。

有回，我踏著春天腳步來到這裡，發現一處美麗的風景。

兩位穿著打扮很東京味的年輕人，將車子用淺橄欖色的木箱裝扮著，男生穿淺藍色襯衫，女生則戴著帽子穿著淺灰色條紋線衫，被一群喜歡甜點的女孩包圍。女生據說是手作雜貨達人，男生則學過甜點，自己每天當日現做的蛋糕跟限量烤布蕾來賣。

神奇的是，男生每天從板橋的工作室騎這台攤子車，自己做甜點來賣。情景讓人想到日本東京六本木或自由之丘等地，都有這樣的小攤，老闆也是都以手作限量跟喜歡自己作品的人交流。

我買了一個烤布蕾，的確如他所說，是用法國頂級鮮奶油做的，從浮在上面的香草籽也看得出來用料實在。現

發現小奢華

Sweet tea
地址：台北市信義路 5 段 7 號 4 樓
電話：02-8101-8177

烤的焦糖吃起來酥脆，連同底下的布丁奶香，給了我這一下午的幸福感受。

我也喜歡在這一區發現某些美麗的好食光，如我偶爾也會去 LV 精品店上面的書店去閱讀食譜，用梅森凱瑟 (Maison Kayser) 的甜點書，享受一下午的美好。

不管是東京、巴黎或是台北街頭，都能享受到這樣的浪漫食光。其實說穿了，這其中賣的不是辛苦，而是一種人與城市的對話。

有時，我也會晃到信義區的 Bellavita 百貨，時時有些展覽的中庭，每個不同時間，都會給你不同的感覺，特別是透過中庭頭頂上的天光，讓這棟大理石城堡更加美麗。

信義區這幾年，可說是越來越法國味。不但 Bellavita 有法國食神侯布雄 (Joël Robuchon) 的餐廳跟茶沙龍；二〇一一年底，在台北 101 購物中心也有米其林級主廚 Yannick Alleno 的餐廳 S.T.A.Y. 跟 Sweet tea 茶沙龍進駐，幫熱愛法式美食的台灣饕客開拓更多元的視野。

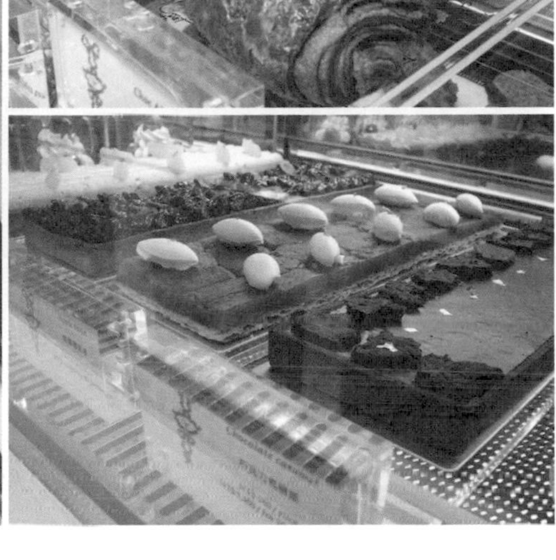

以甜點起家的 Alleno，旗下的茶沙龍也是超棒。

旅居法國時，我就非常喜歡法式經典千層派 (millefeuille)，特別是這美好的法式風味往往都要透過昂貴的大溪地香草籽 (Tahiti) 提香；因為大溪地的香草，香氣濃郁地有點類似雪茄的香甜味，對初次嚐試的人，往往無法接受，但只要吃過就會愛上這種奢華感的香氣。

濃郁跟飽滿的感覺，好像要把你從內到外完全改造成貴婦，對我那些貴婦朋友來說，本來香草就該是那個味。因為連高檔的法國香水，所添加的香草也幾乎是萃取自大溪地的香草棒！

為了堅持完整的法式甜點味，Sweet tea 的法籍甜點主廚就堅持使用這款香草，透過酥脆的千層餅皮，讓我一口接一口。別說是這讓人難忘的千層派，連巧克力甜點也是濃郁到不行，那種巧克力香氣層次卻是富含變化。

Taiwan

回到我的公寓飯店

即便是十分熟悉的城市，換個角度，將自己當成旅人；找一家好品質的飯店，放肆地化身過客，在熟悉中找出新的美好。

從故鄉台南到台北念書，飛往法國巴黎旅居，不管是在歐洲或是回台灣之後的時光，我不斷透過旅行認識世界。

選擇在自己所住城市裡的某家飯店住一晚，體驗外國人的心情，其實也很好。特別是當我拿出桌上的狀元餅，配上一壺烏龍茶，在飯店房間裡吃下午茶時。

如果是我的好友，他們鐵定納悶，以我的個性與習慣，應該是拿起巧克力米果，搭配咖啡才是，怎麼會泡起烏龍茶，然後搭著狀元餅呢？

說穿了，我骨子裡還是台灣人，我愛狀元餅的香與烏龍茶的韻，那屬於美好年代的風味，也只有「回到家了！」的心事，才會有此閒情品嚐。

朋友說，這間君悅飯店廿五樓的房型設計，是國際名設計師 Tony CHI 設計；而五樓的綠洲健身中心則是日本設計團隊 SUPERPOTATO 用水滴的概念打造，走近五樓的健身樓層，真的是有水波盪漾的光影感。

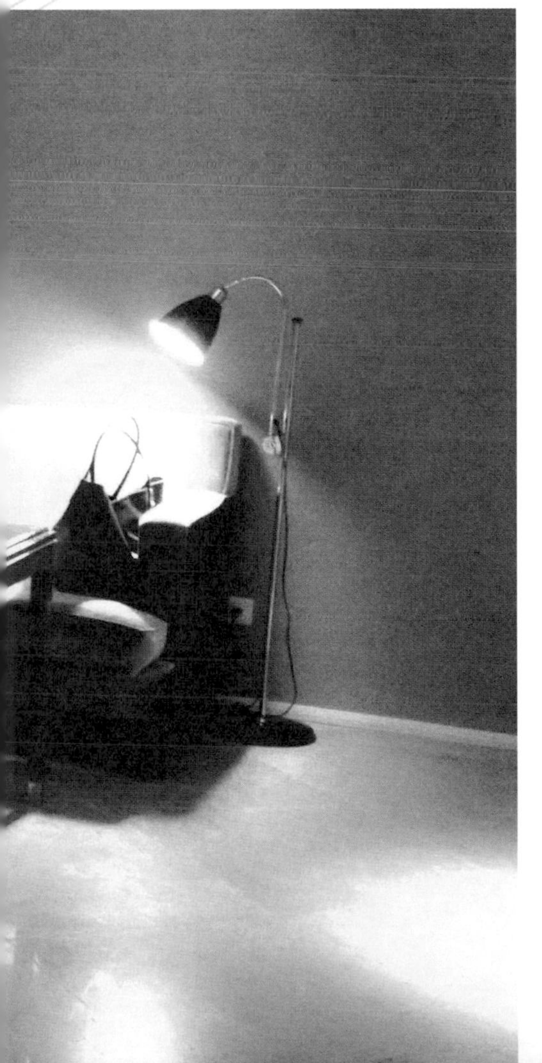

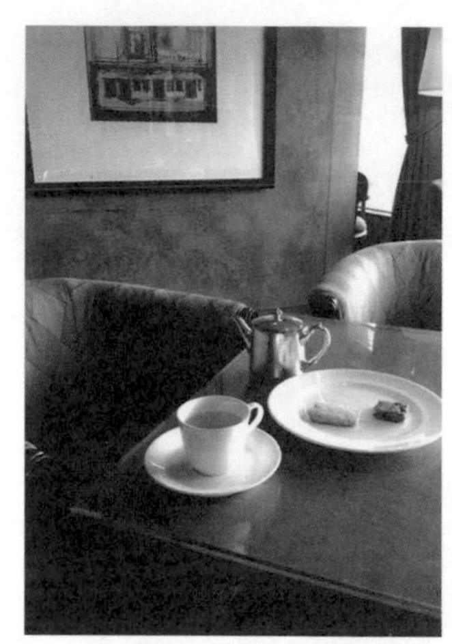

急著用游泳來仰望台北天空的我，只是快速地通過這水影牆面，來到戶外享受夕陽餘暉。

我在那如水滴般的泳池裡游了幾趟，回到有著偌大客廳的房間，放起古典音樂，感覺就像正在旅行。

很多人在旅行的過程裡，往往因為戶外的風景而忽略飯店。

許多高級飯店幾乎都是請到國際知名設計師設計，不管理念是什麼，鐵定是一種針對人性需求的安排。像這廿五樓的公寓式房型，就會讓人有種「回家」的感覺，不僅有客廳跟飯廳，一旁還有辦公桌，以及各式飲料都有的廚房。

進入房裡，根本就像回到自己家裡一樣。最好的方式，就是拿片古典CD放入牆上的B & O音響，換上睡袍，倒杯紅酒，敬自己的這趟旅行！

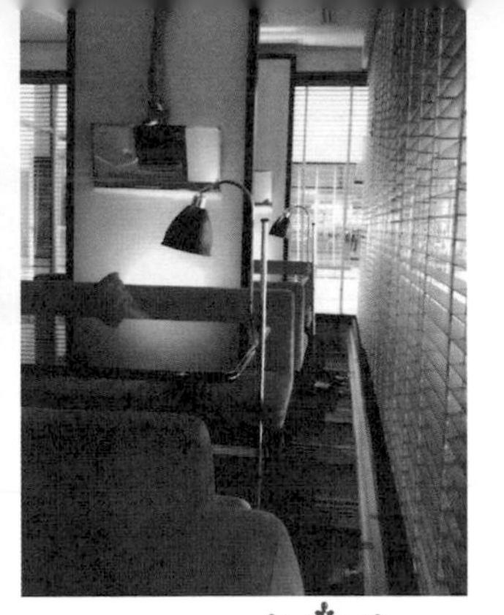

發現小奢華

台北君悅大飯店
地址：台北市信義區松壽路 2 號
電話：02-2720-1200

從法國到台北，從日本到北京，不管在哪裡，人生都像一場旅行，不斷地在外界的人事物流轉中更換心情。當然，最後都是要回到家，回到我的餐桌上。

在旅行中找尋美味，透過美味體會人生。當你對自己所住的環境感到疲累時，不妨打包行李，走出家門，也許能馬上進到人生的另一個家。

家不是「枷」，是人生旅途中所經過停留的每一站。我看似活在台灣，也許法國才是我的家、日本才是我的家，我只是暫時住在台灣的外國人……

生活饞｜001

旅行中的小奢華

作者　里維
主編　戴偉傑
責任編輯　楊佩穎
封面設計　徐小碧
執行企劃　呂小弁
校對　楊佩穎

董事長
發行人　孫思照
總經理　趙政岷
總編輯　陳蕙慧
出版者　時報文化出版企業股份有限公司
10803 台北市和平西路三段 240 號三樓
發行專線　（02）2306-6842
讀者服務專線　0800-231-705、（02）2304-7103
讀者服務傳真　（02）2304-6858
郵撥　1934-4724 時報文化出版公司
信箱　台北郵政 79 ～ 99 信箱
時報悅讀網　www.readingtimes.com.tw
電子郵件信箱　ctliving@readingtimes.com.tw
第一編輯部臉書　http://www.facebook.com/readingtimes.1
法律顧問　理律法律事務所 陳長文律師、李念祖律師
印刷　華展印刷有限公司

初版一刷　2013 年 4 月 3 日
初版二刷　2013 年 4 月 29 日
定價　新台幣 280 元

行政院新聞局局版北市業字第八〇號

國家圖書館出版品預行編目 (CIP) 資料

旅行中的小奢華 / 里維著 .
-- 初版 . -- 臺北市 : 時報文化 , 2013.04
面；　公分 . -- (生活饞 ; 1)

ISBN 978-957-13-5722-5(平裝)
1. 旅遊文學 2. 世界地理

719　102001430

時報出版

旅行中的小奢華　讀者抽獎回函卡

【麗緻巴賽麗獨家提供】

姓　名　　　　　　　　□女 □男　年齡

地　址（請寫郵遞區號）

電　話（日）　　　　（夜）　　　　手機

Email

學　歷 □國中（含以下）□高中職 □大專 □研究所以上

職　業 □生產/製造 □金融/商業 □傳播/廣告 □軍警/公務員
□教育/文化 □旅遊/運輸 □醫療/保健 □仲介/服務
□學生 □自由/家管 □其他

Q1 請問您從何處得知本書？
□書店 □雜誌廣告 □書評 □報紙 □廣播 □電視 □網路
□廣告 DM □親友介紹 □其他 ____________

Q2 請問您從何處購得本書？
□博客來網路書店 □誠品書店 □誠品網路書店 □金石堂實體書店
□金石堂網路書店 □時報悅讀網 □其他 ____________

Q3 請問您之前有買過時報的其他書籍嗎？
□有，書名 □沒有，第一次購買

Q4 請問您購買本書的原因為？
□主題符合需求 □封面吸引 □內容豐富 □喜歡書中作品 □喜愛作者
□價格合理 □其他 ____________

Q5 您還想看到時報出版哪方面的書籍？

Q6 您對本書有什麼建議呢？

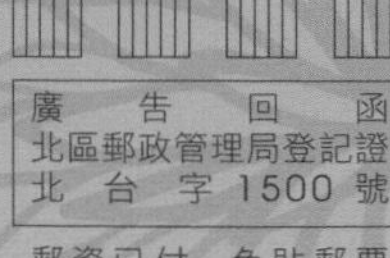

廣　告　回　函
北區郵政管理局登記證
北　台　字 1500 號

郵資已付　免貼郵票

10803
台北市萬華區和平西路三段240號三樓
時報文化出版企業股份有限公司 收

書名：旅行中的小奢華
一個美食家的旅行觀察筆記
書號：CVC2001

時報悅讀網
www.readingtimes.com.tw

◂◂ 請沿線撕下對折寄回 ▸▸

時報出版

請完整填寫下列資料及問題後，於 2013 年 5 月 15 日前將回函寄回 108 台北市萬華區和平西路三段 240 號三樓，就有機會獲得和里維老師一同下午茶。

【影印無效，以郵戳為憑】

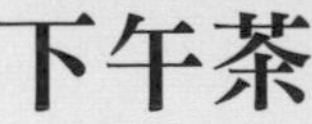

麗緻巴賽麗
下午茶

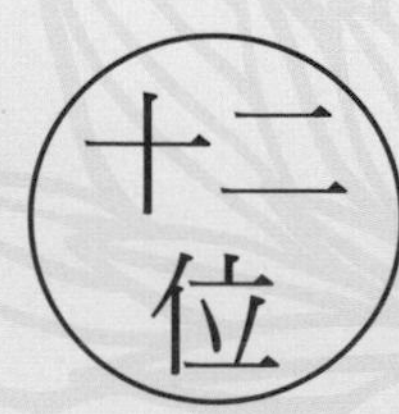

備註

1. 得獎名單將於 2013 **年 5 月** 20 **日**公告於時報出版生活線官方 FB。得獎者將以電話與 E-mail 通知。
2. 獎品價值若超過 NT$20,000 以上，依國稅局規定須繳交 10% 稅金。
3. 限中獎者使用，獎品不得折限或其他產品。
4. 如有未竟事宜，以時報出版公告之訊息為準。
5. 時報出版享有本活動最終解釋權。